LE JEU

des 5 portes

W0386052

DIRECTION ÉDITORIALE
Susanna Lea – Guillaume Robert

DIRECTION ARTISTIQUE
Claude-Olivier Four

RELECTURES
Claire Le Menn
Augustin Théry

FABRICATION
Louisa Hanifi
Julie Hautecourt
Manon Pouch

© Flammarion, 2024.
© Versilio, 2024.
ISBN : 978-2-08-045659-5

FABRICE MIDAL

LE JEU des 5 portes

Des **tests**, des **exercices**, des **jeux** pour **se connaître**

Flammarion | Versilio

Sommaire

PRÉAMBULE
Tes failles sont ton trésor 7

PARTIE 1
Qui es-tu ? 11
Test – Quelle est ta porte ? 13
Le test à deux (ou plus) – Dis-moi qui suis-je 18

PARTIE 2
Les 5 portes 25
Qu'est-ce qu'une porte ? 26
La porte rouge : le bonheur d'entrer en relation 29
La porte bleue : le bonheur de la clarté 33
La porte blanche : le bonheur d'être pleinement confiant 37
La porte jaune : le bonheur de la plénitude 41
La porte verte : le bonheur d'agir 45
Les portes en situations 49

PARTIE 3

L'art de vivre avec sa porte 63

Faire la paix avec sa porte 64

S'agit-il de « défauts »... 66

... ou de qualités ? 67

Leurs atouts 68

Repérer ses mécanismes d'échec 71

Le mythe de l'adulte tout-puissant 73

PARTIE 4

Se relier à l'autre porte 75

Quand les portes deviennent un outil de formation 77

Les lieux de conflit 80

Désamorcer, mode d'emploi 82

Jeux de rôle 85

Quand l'autre est merveilleux pour moi 86

Gratitude 89

Se relier... à un ado 91

PARTIE 5

Manifester le pouvoir des 5 portes 93

Comment j'ai appris à manifester les 5 portes 95

Une affaire de transmission 99

« Ce n'est pas pour moi » 101

Une journée arc-en-ciel 103

Tu es les 5 portes 104

CONCLUSION

5 questions pour repartir d'un bon pied 107

PRÉAMBULE

Tes FAILLES sont ton TRÉSOR

Le Jeu des 5 portes que tu as entre tes mains a une seule finalité : répondre à la question de savoir qui tu es.

À travers les cours que je donne, les séminaires que j'anime, les rencontres auxquelles je participe, je constate tous les jours une souffrance largement partagée, engendrée par le fait de ne pas pouvoir être soi-même, par la croyance selon laquelle il nous faudrait entrer dans la norme et nous plier aux désirs des uns et des autres pour être acceptés. Nous nous sentons en faute d'être comme nous sommes, avec nos caractéristiques propres.

Commençons par lever une ambiguïté. Être vraiment soi ne signifie pas être enfermé dans une identité. Être soi, c'est apprendre à connaître nos caractéristiques, nos désirs, c'est discerner ce à quoi on doit dire oui, ce à quoi on doit dire non, et cela dans un objectif : savoir où trouver nos forces pour nous développer, pour reconnaître la bonne direction qui nous permet d'enfin trouver notre place.

Nous nous connaissons d'autant moins que nous avons, consciemment ou inconsciemment, tendance à nous sous-estimer. À voir les autres plus brillants, plus rapides, meilleurs que nous. Nous nous laissons emprisonner par une histoire que nous nous racontons sur nous-mêmes, une histoire souvent méchante, cruelle, incomplète, dans laquelle nous sommes le personnage têtu, perdu, colérique, inquiet, angoissé, un personnage en faute, destiné à le rester pour toujours. Cette histoire nous écrase, elle nous décourage, elle nous coupe de notre allant. Mais cette histoire est une illusion que tu vas, pas à pas, apprendre à défaire.

Des failles, nous en avons heureusement tous : c'est là que réside notre chance. Car tes failles sont ton trésor. Tes singularités sont tes lignes de force. Ne les efface pas sous le prétexte d'être mieux accepté(e) ! Je vais, au contraire, te montrer comment t'appuyer sur elles pour révéler les cadeaux, les trésors, les dons qui sont les tiens et pour devenir davantage qui tu es. Pour être réellement, pleinement dans la vie, dans ta vie.

Ce jeu et ce livre ont une deuxième vocation : t'apprendre à communiquer avec les autres, à entrer en relation avec eux – sans quoi, il serait très incomplet et ne te permettrait pas d'agir dans le monde.

Levons une autre ambiguïté. Être soi ne signifie pas s'enfermer sur soi et, au nom d'une pseudo-authenticité qui ne tient pas la route, foutre en l'air les règles pourtant fondamentales de bienséance et de politesse, ou les voir comme un carcan qui nous empêche d'être nous-mêmes.

En réalité, en même temps que tu te rencontres, que tu conclus la paix avec toi-même, tu rencontres l'autre dans ses failles, dans les manifestations de ses singularités, et tu conclus la paix avec lui : tu as compris que ces manifestations ne sont pas dirigées contre toi mais qu'elles sont ce qu'il lui reste à découvrir en lui. Dans la vie, les efforts de communication ne sont pas une trahison de nos singularités mais, au contraire, une manière de les respecter. Ils ne sont pas une forme d'hypocrisie mais un moyen simple et efficace d'advenir à soi.

Ce livre part de ta propre expérience. Tu commenceras par l'explorer avec deux tests. Le premier te donne la parole. Le second implique une personne qui te connaît bien et qui contribuera, par ses réponses, à te libérer des attentes, des projections, des identifications qui troublent l'image que tu as de toi.

Tu t'imprégneras ensuite des 5 portes, y compris celles qui te sont moins familières, plus mystérieuses. Tu exploreras en même temps tes forces, tes singularités, tu comprendras quel est le pays que tu habites.

Je te conduirai sur le chemin pour apprendre à vivre avec ta porte et à te relier aux autres portes. Tu découvriras que tu peux même être les 5 portes. C'est sans doute la meilleure manière d'apprendre à être heureux.

Bon amusement !

PARTIE

1

QUI
es-tu ?

TEST

Quelle est ta porte ?

Depuis que tu es enfant, on t'a appris à gommer tes singularités, tes aspérités, ton caractère, à rentrer dans le moule. C'était, t'a-t-on affirmé, la condition pour être accepté(e) en société.

Tu as été de bonne volonté. Tu t'es alors maltraité(e), tu t'es forcé(e) à ne plus être trop colérique, trop timide, trop lent(e), trop rapide. À la longue, tu n'as pas vraiment gommé tes caractéristiques, tu les as plutôt enfouies et la manière dont elles ressurgissent de temps en temps t'intrigue, te trouble, te handicape.

En répondant (honnêtement !) aux questions qui suivent, en te révélant à toi-même ta manière de voir, de sentir, de vivre, tu vas approcher de la découverte de ta porte. Tu auras des surprises, tu t'en voudras parfois, tu hésiteras face à certaines réponses. Ne t'en fais pas, c'est normal.

Ce test est une pierre essentielle à l'édifice que constitue le travail de définition de ta porte, ou plutôt de tes portes, puisque nous avons chacun une porte principale et une porte complémentaire. Mais il ne suffira peut-être pas : c'est tout le livre, tous les jeux que je te proposerai ensuite qui te permettront de confirmer cette découverte.

Au travail !

/ Tes amis font-ils appel à toi quand ils se sentent seuls et ont besoin de chaleur humaine ?
SOUVENT □□□, RAREMENT □□, JAMAIS □.

2 As-tu besoin d'être en mouvement pour te sentir exister ?
BEAUCOUP ○○○, UN PEU ○○, PAS DU TOUT ○.

3 Mettre les pieds dans le plat te réjouit-il ?
BEAUCOUP ☆☆☆, TRÈS PEU ☆☆, CE N'EST PAS MOI ☆.

4 Quel est ton degré de tolérance au bavardage, aux opinions, aux digressions ?
J'ADORE ❖, JE M'EN MOQUE ❖❖, JE NE SUPPORTE PAS ❖❖❖.

5 Est-il facile, voire amusant pour toi de parler à des inconnus ?
TRÈS □□□, UN PEU □□, PAS DU TOUT □.

6 Dans un groupe, arrive-t-il que tu passes pour inapparent, comme invisible, et qu'on ne te remarque pas ?
SOUVENT ☆☆☆, RAREMENT ☆☆, JAMAIS ☆.

7 Dans ta manière de t'habiller ou de meubler ton intérieur, y a-t-il un côté ostentatoire et recherché ? Beaucoup de couleurs, d'objets, d'accessoires ?
BEAUCOUP ▶▶▶, UN PEU ▶▶, PAS DU TOUT ▶.

8 Es-tu la personne à qui l'on se confie quand on a perdu confiance, que l'on a besoin de réconfort ?
SOUVENT ▶▶▶, RAREMENT ▶▶, JAMAIS ▶.

9 As-tu le sentiment d'être perdu(e) dans ta vie ?
SOUVENT ❖, RAREMENT ❖❖, JAMAIS ❖❖❖.

10 T'émerveilles-tu facilement devant les choses les plus simples de la vie, y compris une araignée sur le rebord de la fenêtre?
SOUVENT ☆☆☆, RAREMENT ☆☆, JAMAIS ☆.

11 T'énerves-tu face à une injustice, face à la bêtise ou la grossièreté?
SOUVENT ❖❖❖, RAREMENT ❖❖, JAMAIS ❖.

12 Es-tu dans la séduction dans tes rapports avec les autres, y compris dans le domaine professionnel?
BEAUCOUP □□□, UN PEU □□, PAS DU TOUT □.

13 As-tu tendance à remettre au lendemain ce que tu aurais pu faire aujourd'hui?
SOUVENT ○, RAREMENT ○○, JAMAIS ○○○.

14 Te perds-tu dans des détails au point que chaque tâche te prend plus de temps que la moyenne?
SOUVENT ❖, RAREMENT ❖❖, JAMAIS ❖❖❖.

15 Éprouves-tu le sentiment de manquer, de ne pas avoir assez: de biens, d'affection, de reconnaissance…?
SOUVENT ▶▶▶, RAREMENT ▶▶, JAMAIS ▶.

16 Tes amis retiennent-ils de toi ta douceur, ta gentillesse?
BEAUCOUP ☆☆☆, TRÈS PEU ☆☆, CE N'EST PAS MOI ☆.

17 Considères-tu que tu as des qualités d'écoute te permettant de ressentir ce que l'autre dit vraiment?
SOUVENT □□□, RAREMENT □□, JAMAIS □.

18 L'efficacité est-elle pour toi une qualité majeure?
BEAUCOUP ○○○, UN PEU ○○, PAS DU TOUT ○.

19 Te compares-tu aux autres ?
SOUVENT ○○○, RAREMENT ○○, JAMAIS ○.

20 Accumules-tu des objets (vêtements, livres, ustensiles de cuisine, tableaux…) parfois inconsidérément, au point de te sentir étouffer ?
BEAUCOUP ▶▶▶, UN PEU ▶▶, PAS DU TOUT ▶.

21 T'arrive-t-il d'être profondément persuadé(e) que tu as raison même quand les autres te disent que tu as tort ?
SOUVENT ❖❖❖, RAREMENT ❖❖, JAMAIS ❖.

22 Le fait d'être aimable est-il une priorité pour toi dans ta relation aux autres ?
BEAUCOUP □□□, UN PEU □□, PAS DU TOUT □.

23 Devant une question qui t'es posée, as-tu le souci de l'exhaustivité ?
SOUVENT ▶▶▶, RAREMENT ▶▶, JAMAIS ▶.

24 As-tu tendance à ne rien voir de tes qualités et à être surpris(e) quand on les remarque ?
SOUVENT ☆☆☆, RAREMENT ☆☆, JAMAIS ☆.

25 Quand tu es angoissé(e), le fait de « faire » (ranger ta maison, couper du bois, jardiner…) t'apaise-t-il ?
BEAUCOUP ○○○, UN PEU ○○, PAS DU TOUT ○.

26 Es-tu indécis(e) ?
SOUVENT □□□, RAREMENT □□, JAMAIS □.

27 Vient-on volontiers te demander une aide ou un coup de main ?
SOUVENT ○○○, RAREMENT ○○, JAMAIS ○.

28 As-tu besoin de ressentir intensément des émotions pour te sentir vivant?
BEAUCOUP ▶▶▶, UN PEU ▶▶, PAS DU TOUT ▶.

29 As-tu besoin de calme et de silence pour décrocher?
ABSOLUMENT ☆☆☆, PAS VRAIMENT ☆☆, PAS DU TOUT ☆.

30 Es-tu celle ou celui à qui tes proches font appel quand ils sont dans le brouillard et ont besoin de clarifier une situation de leur vie?
SOUVENT ❖❖❖, RAREMENT ❖❖, JAMAIS ❖.

INTERPRÉTATION

Calcule, dans tes réponses, le nombre de □, ○, ▶, ☆, ❖, que tu as obtenus. La figure majoritaire dans tes réponses est celle de ta force dominante. La suivante est celle de ta force complémentaire. Chaque figure correspond à l'une des portes que nous décrypterons dans les chapitres qui suivent. Ne néglige aucune d'elles, même celles qui te semblent les plus éloignées de toi! Elles sont autant de ressources que tu as la capacité de développer et d'utiliser pour entrer dans la vraie vie…

_______ □ : rouge
_______ ○ : vert
_______ ▶ : jaune
_______ ☆ : blanc
_______ ❖ : bleu

LE TEST À DEUX (OU PLUS)

Dis-moi qui suis-je

Tu as certainement été honnête en répondant aux questions du premier test. Mais ta vision est-elle vraiment claire quand il s'agit de toi-même, ou bien est-elle troublée par les années de « dressage » auxquelles la société t'a soumis(e) pour effacer tes aspérités et te faire rentrer dans un moule lisse et insipide, de surcroît totalement théorique et irréaliste ?

Dans ce deuxième test, ce n'est pas à toi de répondre. Tu poseras les questions, mais c'est une autre personne te connaissant suffisamment qui délivrera les réponses, c'est-à-dire la manière dont elle te perçoit.

Je te rappelle que ceci est un jeu. Certaines réponses te déconcerteront. Ne te laisse pas gagner par l'émotion : prends le temps de les écouter, d'interroger ton vis-à-vis, d'aller plus loin pour comprendre ce qu'il ou elle a signifié. L'objectif est de partir à deux à l'aventure qu'est l'exploration d'un être. Vous parlerez essentiellement de toi ; cette démarche, je tiens à te le dire, n'est pas égocentrique. Elle est un moyen de te mettre au clair avec toi-même et de gagner ainsi en paix et en liberté.

Faites tous les deux ce test en vous amusant. Je vous propose d'énoncer en préambule, et à haute voix, la règle du jeu : « Ce test n'est pas un jugement, il n'est qu'un mode d'exploration de nos caractéristiques. Il n'y a rien à réussir : aucun trait de caractère n'est négatif en soi. En revanche, être singulier, avec ses aspérités, est formidable ! »

TEST

1 Si tu te sens seul(e) et que tu as besoin de chaleur humaine, ferais-tu spontanément appel à moi ?

SOUVENT □□□, RAREMENT □□, JAMAIS □.

2 Me définirais-tu comme une personne très active, qui a presque besoin d'être en mouvement pour se sentir exister ?

BEAUCOUP ○○○, UN PEU ○○, PAS DU TOUT ○.

3 Me considères-tu comme quelqu'un de très direct, voire brusque, qui va droit au but quitte à mettre les pieds dans le plat ?

BEAUCOUP ☆☆☆, TRÈS PEU ☆☆, CE N'EST PAS TOI ☆.

4 Trouves-tu que je suis un pilier de la machine à café, friand(e) de bavardages et de ragots ?

BEAUCOUP ❖, MOYENNEMENT ❖❖, PAS DU TOUT ❖❖❖.

5 Trouves-tu que je sais tisser des liens avec des inconnus ?

TRÈS □□□, UN PEU □□, PAS DU TOUT □.

6 Me décrirais-tu comme ayant tendance à jouer à la petite souris qui, dans un groupe, reste souvent invisible et qui fait même en sorte qu'on ne la remarque pas ?

SOUVENT ☆☆☆, RAREMENT ☆☆, JAMAIS ☆.

7 Me trouves-tu exubérant(e) ? Dans ma manière de m'habiller, de meubler mon intérieur, y a-t-il un côté ostentatoire et recherché ? Beaucoup de couleurs, d'objets, d'accessoires ?

BEAUCOUP ►►►, UN PEU ►►, PAS DU TOUT ►.

8 Ferais-tu appel à moi quand tu as perdu confiance, quand tu as besoin de réconfort ?

SOUVENT ►►►, RAREMENT ►►, JAMAIS ►.

9 Me trouves-tu parfois un peu perdu(e) ou dans la lune ?
SOUVENT ❖, RAREMENT ❖❖, JAMAIS ❖❖❖.

10 Trouves-tu que j'ai une facilité à m'émerveiller devant des choses qui semblent insignifiantes ?
SOUVENT ☆☆☆, RAREMENT ☆☆, JAMAIS ☆.

11 Est-ce que je réagis suffisamment face à une injustice, face à la bêtise ou la grossièreté ?
SOUVENT ❖❖❖, RAREMENT ❖❖, JAMAIS ❖.

12 Dirais-tu que je fonctionne sur le registre de la séduction dans mes rapports avec les autres, y compris dans le domaine professionnel ?
BEAUCOUP □□□, UN PEU □□, PAS DU TOUT □.

13 À ton avis, est-ce que j'ai tendance à la procrastination, c'est-à-dire à tout remettre au lendemain ?
SOUVENT ○, RAREMENT ○○, JAMAIS ○○○.

14 Me trouves-tu lent(e) ou me perdant dans les détails ?
SOUVENT ❖, RAREMENT ❖❖, JAMAIS ❖❖❖.

15 Dirais-tu que je suis quelqu'un qui veut toujours plus de biens, d'affection, de reconnaissance… ?
SOUVENT ▶▶▶, RAREMENT ▶▶, JAMAIS ▶.

16 Dirais-tu que mes qualités principales sont la douceur, la gentillesse ?
BEAUCOUP ☆☆☆, TRÈS PEU ☆☆, CE N'EST PAS TOI ☆.

17 Retiens-tu de moi mes qualités d'écoute ? Quand tu me parles, sens-tu que je t'écoute vraiment ?
SOUVENT □□□, RAREMENT □□, JAMAIS □.

18 Me considères-tu efficace et me confierais-tu l'organisation de ton mariage (ou de ton anniversaire, ou du réveillon que tu organises chez toi) ?

BEAUCOUP ○○○, UN PEU ○○, PAS DU TOUT ○.

19 Trouves-tu que j'ai tendance à me comparer aux autres et que je suis parfois jaloux(se) ?

SOUVENT ○○○, RAREMENT ○○, JAMAIS ○.

20 Trouves-tu que j'accumule un peu trop d'objets (vêtements, livres, ustensiles de cuisine, tableaux…) ?

BEAUCOUP ▶▶▶, UN PEU ▶▶, PAS DU TOUT ▶.

21 À ton avis, est-ce que j'ai tendance à prétendre avoir raison même si c'est contre l'avis général, voire à tort ?

SOUVENT ❖❖❖, RAREMENT ❖❖, JAMAIS ❖.

22 Penses-tu que j'essaye trop d'arrondir les angles pour être aimable ?

BEAUCOUP □□□, UN PEU □□, PAS DU TOUT □.

23 Quand tu me poses une question, mes réponses sont-elles trop longues, au risque de te noyer ?

SOUVENT ▶▶▶, RAREMENT ▶▶, JAMAIS ▶.

24 Me trouves-tu un peu trop modeste ?

SOUVENT ☆☆☆, RAREMENT ☆☆, JAMAIS ☆.

25 Me trouves-tu plus apaisé(e) quand j'agis ?

BEAUCOUP ○○○, UN PEU ○○, PAS DU TOUT ○.

26 À ton avis, suis-je indécis(e) ?

SOUVENT □□□, RAREMENT □□, JAMAIS □.

27 M'appellerais-tu spontanément si tu avais besoin d'un coup de main ?
SOUVENT ○○○, RAREMENT ○○, JAMAIS ○.

28 Dirais-tu que je vis sur le registre des émotions plus que sur celui de la réflexion ?
BEAUCOUP ▶▶▶, UN PEU ▶▶, PAS DU TOUT ▶.

29 Me vois-tu comme une personne ayant besoin de calme et de silence ?
ABSOLUMENT ☆☆☆, PAS VRAIMENT ☆☆, PAS DU TOUT ☆.

30 Si tu es dans le brouillard, dans l'indécision, ferais-tu appel à moi ?
SOUVENT ❖❖❖, RAREMENT ❖❖, JAMAIS ❖.

INTERPRÉTATION

Calcule, dans les réponses qui t'ont été données, le nombre de □, ○, ▶, ☆, ❖, obtenus. La figure majoritaire dans les réponses est celle de ta force dominante, telle que perçue par la personne qui y a répondu. La suivante est celle de ta force complémentaire.

______ □ : rouge
______ ○ : vert
______ ▶ : jaune
______ ☆ : blanc
______ ❖ : bleu

PARTIE

2

Les 5 PORTES

QU'EST-CE QU'UNE PORTE ?

La porte est le « fond » de notre caractère, les atouts que nous avons dans notre jeu. Une partie est innée : c'est le tempérament, un matériau brut qui se manifeste dès la naissance. On sait que les nourrissons ne sont pas tous identiques, certains sont plus calmes, d'autres plus gourmands, plus agités, plus ou moins bons dormeurs…

Notre vie consiste à donner forme à ce matériau, à l'élaborer, à le développer. C'est à la fois notre tâche, notre responsabilité et notre liberté. On y parvient d'autant plus aisément que l'on connaît la nature de ce matériau, ce que j'appelle la couleur des portes. La plupart du temps, notre éducation nous en détourne, s'appliquant, non pas à nous faire découvrir qui nous sommes, mais à gommer nos singularités pour que nous rentrions dans un moule – le même pour tous, à la manière des machines ou des robots.

Je te propose de prendre le chemin inverse, de revenir à ce que tu es pour retrouver tes caractéristiques, pour leur donner forme et les transformer en autant de forces dans la vie.

En effectuant les tests, tu as commencé à appréhender ta couleur dominante (ton énergie principale) et ta couleur complémentaire (que tu utilises dans certaines situations sans que cela te définisse fondamentalement). Tu as découvert deux portes, l'une très grande, l'autre plus petite. Et tu as deux possibilités. La première : tu ouvres ces portes et tu entres dans le paysage qui te constitue, tu le cultives et tu y prends appui. La seconde : tu te mets en colère contre ce que tu as découvert, tu lui dis non et tu choisis d'ignorer ton caractère en laissant la porte fermée.

Je ne te conseille évidemment pas cette deuxième voie. Savoir quelle est notre porte, c'est avoir la responsabilité de l'ouvrir, de s'ouvrir aussi sur la vie, sur la plénitude, sur la possibilité du bonheur.

Ce que tu vas découvrir n'a en effet rien de figé : ton caractère, ta porte ne te renferment pas sur toi-même, mais ils te disent par où agir, comment t'accomplir, de quels moyens tu disposes pour entrer en relation avec les autres et avec le monde. L'être humain est, par nature, toujours en mouvement ; son identité n'est jamais figée. Ouvrir sa porte permet tout simplement de s'engager dans la vie.

Ces 5 types de caractères m'ont été transmis par mes maîtres tibétains. Ils appartiennent à des enseignements millénaires s'incarnant dans les mandalas, ces œuvres agencées en 5 parties et 5 couleurs, représentant l'expérience spirituelle et la manière de s'y immerger... selon le caractère.

Mais cette représentation n'est pas spécifiquement tibétaine. Elle est un substrat universel que j'ai retrouvé dans la théorie des humeurs, fondement de la médecine holistique grecque. Elle s'incarne aussi dans les 5 manières de s'ouvrir au monde que décrit Platon dans le *Phèdre*. Jung, qui s'y était intéressé, avait d'ailleurs très vite compris que ces 5 énergies ou 5 portes dépassent la culture tibétaine pour décrire et symboliser la totalité de la psyché humaine dans son travail d'accomplissement. Elles sont la recherche des différents désirs qui permettent de parvenir à ce qu'il appelait l'individuation, c'est-à-dire le fait d'être pleinement soi, pleinement réalisé.

Notre tâche est d'ouvrir sans arrêt notre porte, nos portes, pour nous inventer, nous réinventer, être plus vivants.

La porte est un cadeau qui t'est offert. L'accepteras-tu ?

LA PORTE ROUGE

Le bonheur d'entrer en relation

Quand tu entres dans un espace, qu'il s'agisse d'une fête, d'un open space ou de ta boulangerie, ta tendance naturelle te porte à tout de suite chercher à créer du lien avec ceux qui sont là, y compris quand tu ne les connais pas. Tu as besoin de sentir que tu touches l'autre et que l'autre est touché par toi. Ce caractère prend autant de formes qu'il existe d'individus, il peut jouer la carte de l'attention ou celle de la séduction, mais il colore l'énergie de ton existence. Il est le mouvement qui t'anime et t'aide à t'accomplir.

Pourquoi cette porte est-elle rouge ?

Le rouge est la couleur du feu, de la passion, du désir le plus ardent. Comme les flammes, l'énergie de la relation est en perpétuel mouvement. Le rouge est aussi la couleur du ciel qui s'embrase au coucher du soleil ; sa splendeur ouvre le cœur, accomplit, transporte…

Ton élément

Le feu qui fascine, réchauffe, éclaire. Comme les flammes, l'énergie de la relation est en perpétuel mouvement.

Ta saison

Le printemps, ce moment de l'année tellement touchant, fragile et émouvant où la nature renaît et les fleurs surgissent.

Ton symbole

Le lotus, fleur sublime qui naît pourtant de la boue puis s'élève avec élégance.

Quand tu ouvres ta porte …

… et que tu as appris à te connaître

Face à l'autre, tes antennes, ton écoute aiguisée te font tout de suite savoir quelle est la distance juste à établir pour l'approcher. Tu sais jusqu'où t'approcher sans l'écraser, tu sais aussi quel écart respecter pour le toucher sans que le froid s'installe entre vous.
Tu entres ainsi aisément en rapport avec les autres, même s'ils te sont inconnus.

•

Tu as une grande capacité d'écoute.
Tu n'écoutes pas que les mots, mais tu sens aussi les signaux faibles, tu perçois les vibrations, les émotions.

•

Tu comprends avec le cœur et tu sais te fier à ton intuition, à tes impressions.

•

L'une de tes qualités profondes est la compassion, la capacité d'avoir le cœur ouvert et touché par l'autre.

•

Tu évolues dans un monde où tu sens que tu as ta place, parce que tu es en lien. Le temps de la rencontre, tu es comblé(e). C'est auprès des autres que tu t'apaises.

•

Tu possèdes également la puissance de magnétiser, d'aimanter les autres autour de toi.
Quand tu arrives, ton charisme les attire vers toi.

Quand tu n'ouvres pas ta porte ...
... et que tu passes à côté de ce que tu es

Le premier écueil est celui de la possession.
En voulant séduire l'autre, tu cherches à le posséder.
Vivre, c'est pourtant assumer que l'on perde
le sentiment d'unité pour mieux le retrouver.

•

Tu ne rencontres pas vraiment l'autre, mais tu veux juste
qu'il reconnaisse et éprouve ton pouvoir de séduction.
Au fond, tu souhaites que tout le monde te reconnaisse et t'aime.

•

Cette tendance peut déboucher sur la manipulation
et l'insincérité. Tu veux que l'autre t'aime,
mais tu n'as pas envie d'une relation vraie.
Une fois la personne séduite, comme Don Juan,
tu t'en vas en séduire une autre.

•

Tu risques de te perdre dans la peau d'un caméléon.
Tu dis à l'autre tout ce qu'il attend de toi, mais tu n'es pas sincère.
Tu ne sais plus, au fond, ce que tu veux, ce que tu aimes.
Tu veux juste que tout le monde t'aime.
Les liens que tu tisses sont une contrefaçon du lien,
ils t'interdisent de vivre ta quête d'unité profonde.

•

Tu verses alors dans la superficialité.
Tu papillonnes et tu ne restes nulle part. Tu ne veux pas
entrer dans la relation, tu as peur de l'engagement,
de l'intimité, et tu passes à côté de ton don.

LA PORTE BLEUE

Le bonheur
de la clarté

En toute situation (un dossier à étudier, une armoire à ranger, un texte ou un mail à rédiger, un conflit entre collègues ou entre amis), là où d'autres ont d'abord besoin d'agir ou de se mettre en relation, ton premier mouvement consiste à comprendre, à mettre, par la pensée, de l'ordre, de la clarté dans cette situation. Tu ne supportes pas la confusion. La voie de la clarté est celle que tu connais le mieux, que tu empruntes naturellement et qui a la vertu de t'apaiser, de te combler. Tu sais trouver la voie d'accès pour tracer ensuite ton chemin…

Pourquoi cette porte est-elle bleue ?

Le bleu est la couleur de la profondeur, de la brillance. C'est la couleur du ciel et de l'océan, reflétant leur amplitude, symbolisant leur clarté et leur puissance. Tu es l'oiseau qui vole sans rencontrer d'obstacles, le poisson qui fend les eaux…

Ton élément

L'eau dont la clarté et la pureté reflètent l'entièreté de la réalité avec une grande précision.

Ta saison

L'hiver est la saison de la clarté par excellence. Sous la neige, le paysage est étincelant, vibrant, presque cassant. L'atmosphère est surréelle de précision. C'est froid, c'est glacé.

Ton symbole

L'épée qui tranche avec précision ce qui doit être tranché.

Quand tu ouvres ta porte …
… et que tu as appris à te connaître

Tu as une singularité : tu sais voir à la fois l'ensemble d'une situation
et ses détails les plus infimes, ainsi que le chemin vers la solution.
Tu vois aussi bien la forêt entière que chacun de ses arbres
et le sentier qui la traverse. Ce don t'est vraiment particulier.

•

Il a une force d'apaisement pour toi et pour ton entourage.
Tu dissipes ainsi les ressassements, les brouillards, la confusion.
La solution se présente à toi comme une évidence.

•

Tu n'as pas peur de la complexité. Tu as confiance dans tes capacités
à la clarifier, à y mettre de l'ordre. La phrase juste, le diagnostic
exact t'apparaissent très clairement, comme dans un miroir.

•

Tu perçois de la même manière par où une personne souffre.
Tu le vois tellement clairement que tu peux la rencontrer et l'aider.
Tu décèles dans chaque chose la vérité de son être.

•

Tu sais prendre des décisions. Tu es capable de trancher quand
il le faut, de délimiter, de dire non, de t'opposer.
Ton caractère te porte à cette forme de courage.
Cette énergie est propre à la porte bleue.

•

Tu as également la passion de la vérité.
Tu ne supportes ni les mensonges,
ni les faux-semblants, ni les imprécisions. Ils te heurtent.

Quand tu n'ouvres pas ta porte…

… et que tu passes à côté de ce que tu es

Ton désir de clarté peut t'obséder au point d'en oublier tout le reste, la tendresse, l'humour, les autres. Tu deviens dur(e) et tranchant(e), impitoyable, au risque de blesser, d'écraser le monde pour que la clarté soit.

•

Tu es d'autant plus redoutable que tu disposes d'une dextérité de pensée et des mots pour l'exprimer.

•

À la dureté s'ajoute le mépris que tu exprimes envers ceux qui ne pensent pas aussi vite, aussi clairement que toi. Le cœur, l'affectivité ne sont plus qu'accessoires pour toi. Tu n'écoutes plus rien, tu te coupes de tout.

•

Habitué(e) à voir avant les autres le chemin menant vers la solution, tu es persuadé(e) de toujours détenir la vérité. Tu en viens à vouloir avoir raison à tout prix, quitte à être de mauvaise foi. N'oublie pas que la vérité ne se possède pas : ce n'est jamais toi qui sais, mais c'est toi qui as la disposition de voir la clarté quand elle apparaît.

•

Une autre blessure est celle de l'énervement, voire de la colère quand une situation n'est pas claire et que tu la perçois alors comme menaçante, voire comme une attaque personnelle. Tu peux en devenir violent(e).

•

Tu multiplies les reproches, envers les autres et envers toi-même. Tu es soit dans la posture de l'attaquant, soit dans celle de victime, sans voir d'autres possibilités.

•

Tu n'admets pas l'ambivalence du monde. Pour toi, tout doit être noir ou blanc. Le gris n'existe pas dans ses nuances, les autres couleurs non plus.

•

Ton obsession des détails peut prendre le pas sur la vue d'ensemble d'une situation. Tu ne vois plus que les virgules qui ne sont pas à leur place, quitte à en oublier le sens de la phrase.

LA PORTE BLANCHE

Le bonheur
d'être pleinement
confiant

La porte blanche est un caractère surprenant dans notre monde
qui ne valorise que la vitesse et la performance.
Toi, tu as un don infiniment plus précieux, plus profond :
une capacité de présence, d'accueil, d'ouverture qui laisse être ce qui est,
sans juger, avec douceur. Tu as l'énergie de l'apaisement.
Tu te réjouis de la paix, tu l'apprécies. Tu sais ouvrir
les fenêtres pour que l'air pénètre, et avec lui l'oxygène.
Mais cette action essentielle est intangible, elle ne se voit pas. Toi-même,
tu ne la vois pas. Or, tu possèdes cette puissance de la disponibilité.

Pourquoi cette porte est-elle blanche ?

Le blanc est la couleur primordiale, l'espace ouvert
au sein duquel tout peut se manifester.
C'est la page blanche qui s'offre pour écrire,
l'espace ouvert où tout peut s'imaginer.
C'est la couleur de la paix, du silence, de la confiance.
C'est l'hospitalité bienveillante, l'accueil inconditionnel,
l'acceptation. Sans le blanc, rien ne peut être.

Ton élément

L'espace où tout peut avoir lieu, où tout peut se manifester, vaste et indéfini.

Ton paysage

Les grands espaces vierges comme les steppes
ou encore les étendues verdoyantes des campagnes.

Ton symbole

La roue ou le cercle qui contient tout.

Quand tu ouvres ta porte ...
... et que tu as appris à te connaître

On te dit timide, je propose de te renommer « celui (ou celle) qui a la capacité d'acceptation ». Tu commences par ouvrir la porte et par dire bonjour, sans peur, sans préjugés, mais aussi sans t'aveugler, pour le seul bonheur d'accueillir.

•

Le secret de ton énergie est qu'elle n'aime pas séparer, diviser. Tu vois l'autre dans son entièreté, en dépassant les petits travers, les défauts. Tu remets chacun dans son humanité.

•

À ton contact, l'autre se sent soulagé, reconnu, apprécié, accueilli, libre d'être ce qu'il est. C'est une force immense dont tu disposes.

•

Tu as la capacité de te réjouir de choses extrêmement simples : un rayon de soleil, une petite fourmi qui passe devant toi… Tu donnes droit à chaque détail dans sa présence, dans sa poésie propre. Et tu te laisses émerveiller par lui.

•

Tu aimes la paix, tu sais la favoriser, dissiper les conflits, apaiser les situations. L'énergie de l'apaisement et de la pacification est extrêmement puissante chez toi.

•

Ta capacité d'accueil te dote d'une finesse et d'une sensibilité hors pair.

•

On te dit parfois lent(e), un peu timide. Tu prends ton temps, c'est vrai. Et si tu te tiens en retrait, c'est pour laisser de l'espace à l'autre. Ta douceur, elle, n'est pas mollesse, mais apaisement et capacité d'écoute.

•

Tu trouves ta place dans le monde quand tu as levé les barrières qui séparent.

Quand tu n'ouvres pas ta porte …

… et que tu passes à côté de ce que tu es

Tu es guetté(e) par ce que j'appelle le syndrome
de la petite souris. Tu as l'impression que tu ne comptes pas,
que tu es transparent(e), que tu n'as aucune importance,
comparé(e) aux autres dotés, eux, de couleurs vives.

•

Tu en viens à considérer que ce que tu fais,
c'est-à-dire donner de l'espace (dans une réunion,
avec des amis, en société…), n'a aucune valeur. Et tu t'en veux.

•

Tu t'invisibilises à force de vouloir accueillir.
Tu ne dis plus rien. Tu es tellement calme que tu ne bouges
plus en pensant qu'il en va mieux ainsi. Or, ce n'est pas le cas.
Ta simplicité cesse d'être authentique et devient fabriquée.

•

Tu laisses ta lenteur s'exacerber jusqu'à devenir léthargie
qui mène à la déprime. C'est comme si tu choisissais
délibérément de ne plus entendre, de ne plus voir,
en croyant témoigner ainsi de ton ouverture.
En réalité, tu te laisses tomber dans un trou.

•

Ta capacité d'ouverture devient alors un abîme.
Tu ressasses, tu étouffes dans ta vie où il n'y a plus d'espace,
plus de sens, plus rien. Tu t'empoisonnes.

LA PORTE JAUNE

Le bonheur de la plénitude

Ton caractère est marqué par le fait d'aimer donner, compléter, enrichir, nourrir. Cela t'est d'autant plus aisé que dans n'importe quelle situation, tu remarques tout de suite ce qui manque, qui fait défaut et a besoin d'être comblé. Et cela à tous les niveaux : matériel, émotionnel, psychique, spirituel.
Tu donnes sans compter, de ton temps, de ton affection, de tes explications ; c'est ainsi que tu te sens comblé(e).
Même quand tu ne disposes pas de beaucoup, tu ne vis jamais dans le manque : tu es souverain(e), tu t'autosuffis. Et tu restes dans la générosité.

Pourquoi cette porte est-elle jaune ?

Le jaune est la couleur du soleil, de l'or, du miel…
Autant de visages de la splendeur, de la richesse. Elle est celle des statues de divinités, des bouddhas, des icônes chrétiennes symbolisant la présence divine, et elle a alors pour mission de signifier aux fidèles la complétude de l'être qui se déploie devant eux.

Ton élément

La terre mère et nourricière, solide et généreuse, qui nous soutient tout en nous fécondant de son énergie.

Ta saison

L'automne, quand les fruits arrivent à maturité et que les arbres se parent de mille nuances d'or. La plénitude de l'automne nous submerge de sa splendeur, nous embrasse dans son étincellement.

Ton symbole

Le joyau qui exauce tous les désirs.

Quand tu ouvres ta porte …
… et que tu as appris à te connaître

Tu es généreux(se), tu as du plaisir à donner, à faire plaisir, à rendre heureux.

•

L'énergie jaune te confère une confiance qui irradie dans ta vie. Tu es comme une montagne qui n'a pas à s'excuser, à se justifier pour prendre sa place. Elle sait qu'elle est une montagne et elle en est contente.

•

Tu vois le monde abondant et plein, et la réalité regorgeant de ressources. Le monde te comble. Tu t'autorises à vivre des moments de plénitude, des moments de richesse.

•

Tu n'es pas dans l'attente d'une aide, d'une aumône, d'un don. Seul(e), tu te suffis et tu ne t'ennuies pas. Ta complétude ne laisse pas de place au vide, au désespoir.

•

Tu manifestes une puissante expansivité. Tu peux apprendre et retenir quantité d'informations sur des sujets divers, et les rendre ensuite sous forme d'explications exhaustives.

•

Tu te sens fertile, tu débordes d'idées, tu vois toujours plein de nouvelles possibilités et tu es prêt(e) à donner vie à tes projets.

•

Tu as une vraie capacité à apprécier ce qui est et à t'en réjouir. Conserve ta confiance dans le bonheur de la vie.

•

Ancré(e) à la terre, tu te sens solide et capable de tout accueillir pour permettre à chaque chose d'entrer dans son plein déploiement. Le contentement de cette porte est contagieux ; il n'est pas égoïste, fermé sur soi.

Quand tu n'ouvres pas ta porte ...

... et que tu passes à côté de ce que tu es

Tu risques d'oublier que la richesse est en toi, tu te sens démuni(e),
en manque, privé(e) d'elle et tu la cherches ailleurs.
Tu souffres du sentiment de ne pas avoir assez : d'affection,
de sécurité, de confort, de biens, de reconnaissance…
Mais quoique tu reçoives, tu n'en as jamais assez.

Avide, tu deviens comme l'avare de Molière
qui a beaucoup d'or mais se sent infiniment pauvre et vit
dans la peur d'être dépossédé. Il est incapable de se réjouir
de ce qu'il a, incapable de donner.
Il est dans un rapport de sécheresse avec le monde.

Ta vie devient une lutte pour accumuler.
Mais c'est une lutte sans fin, menée dans la frustration puisque
rien n'est jamais assez et que tu n'apprécies plus rien.
Tu consommes pour consommer (des objets, de la reconnaissance,
du savoir, de l'amour…) mais tu n'es jamais rassasié(e).

Tu as accumulé, tu veux que le monde entier t'admire,
te craigne, reconnaisse ton pouvoir.
Tu t'identifies à ta richesse. Ton orgueil devient
sans limites, ton autoritarisme aussi.

Tu as le sentiment d'être meilleur(e) que les autres.
Et tu finis par te prendre pour un dieu ou une déesse.

LA PORTE VERTE

Le bonheur d'agir

Il n'est pas évident de se dire : « Le fond de mon caractère, c'est aimer agir. » Pourtant, créer, faire, être en mouvement est, en toute situation, l'acte naturel qui te vient spontanément. L'action est ton mode d'accès privilégié à la réalité : tu règles tes problèmes en « faisant ». C'est ta manière d'accomplir ce que tu veux sans avoir l'impression de te battre pour que cela advienne. En retour, l'action t'offre un sentiment de bonheur, d'accomplissement.

Pourquoi cette porte est-elle verte ?

Le vert est la couleur de la végétation, des arbres, de l'herbe, quand ils sont travaillés par la sève. Il représente la puissance agissante de la nature qui œuvre sans jamais épuiser son énergie naturelle, qui ne se fatigue pas, qui continue de créer et se ressource dans le fait même d'agir.

Ton élément

Le vent grâce auquel tout bouge, tout souffle, tout circule. Le monde vert est rempli de vie, d'énergie.

Ta saison

L'été, saison d'activité intense de la nature. Tout bouge, y compris les animaux et les insectes, dans une grande profusion.

Ton symbole

Le sceptre, le bâton de parole, symboles de l'autorité de faire, de commander, de décider… et de se sentir autorisé(e) à une parole qui fait être.

Quand tu ouvres ta porte ...
... et que tu as appris à te connaître

Tu n'aimes pas rester dans l'inaction ou dans la réflexion abstraite.
Agir est ton désir profond qui t'apporte à la fois de la joie,
de la clarté et un apaisement certain.

•

En toute situation, tu vois ce qu'il faut « faire »
(c'est ton maître-mot!) pour répondre à cette situation.
Et tu sais par où agir efficacement.

•

Tu es dans une jubilation profonde quand tu fais
ce qu'il y a à faire, sans histoire. Ce qui compte pour toi,
c'est d'être pleinement dans l'action. Tu vis le bonheur de créer.

•

Agir t'apaise. « Faire » (ranger ton appartement ou ton bureau,
t'attaquer à un dossier...) t'apporte beaucoup plus de clarté
que penser ou théoriser. Cela semble incongru dans notre monde
où l'action n'est considérée que comme l'accomplissement
d'une décision préalable. Tu sais qu'il n'en est rien
pour toi qui connais l'intelligence du faire.

•

En faisant, tu comprends le réel, tu appréhendes
la logique des choses, des personnes.
Et tu sais intuitivement comment continuer,
quelle est l'étape suivante.

•

La porte verte est celle de la puissance de création et de destruction.
Tu sais créer, tu sais aussi détruire. Ce n'est pas toujours négatif:
tu tries, tu jettes, tu mets de l'ordre.

Quand tu n'ouvres pas ta porte ...
... et que tu passes à côté de ce que tu es

Tu es pris(e) par le « speed », la confusion entre la vitesse et la justesse. Tu n'agis pas : tu t'agites dans tous les sens en croyant agir. Tu deviens machine et ton action ne te nourrit pas.

•

L'action devient étouffement. Tu ne penses plus au rythme, à la danse, au bonheur, au tempo, mais exclusivement à la puissance qui en devient écrasante. Tu as l'impression de n'exister que dans la mesure où les choses sont « faites ».

•

Tu ne réfléchis plus parce que tu veux que les choses soient prises dans un certain ordre que tu as décrété et que tu cherches à imposer à la réalité.

•

Tu ne te permets pas un coup de mou, tu en as même honte. Tu n'autorises pas les autres à ne pas être comme toi qui a un don d'efficacité. Au risque de devenir monomaniaque, méprisant(e), intolérant(e).

•

La jalousie et la paranoïa sont une autre manière de chercher à « posséder l'action ». Tu te compares aux autres qui te semblent aller plus vite, tu te demandes s'ils ne font pas mieux que toi, tu crains ainsi de ne plus avoir ta place. Et tu te ronges. Les luttes de pouvoir sont d'ailleurs souvent liées à l'action.

•

L'attention, le souci de l'autre, la tendresse n'existent plus. Tu ne laisses plus à l'autre l'opportunité de se « faire » par ton intermédiaire afin que la joie puisse éclore en toi. C'est l'écueil extrême du totalitarisme : tu agis comme un tank qui écrase tout sur son passage. Tu deviens pure puissance d'action, sans âme.

JEU

LES PORTES EN SITUATIONS

Il s'agit à la fois d'une première application des fiches d'identité des portes et d'un jeu qui t'amusera. Comment réagit chaque porte dans ces différentes situations de la vie ordinaire ? J'ai sans doute parfois forcé le trait… mais pas trop. Derrière ces caricatures, tu retrouveras certainement ton profil, ainsi que celui de parents, d'amis, de collègues…

AVEC CE JEU

Tu t'entraîneras à reconnaître la porte qui est derrière ceux que tu connais et qui explique leur manière d'être, d'agir.

•

Tu te prépareras à te retrouver, dans ces mêmes situations, avec des portes rouges, bleues, blanches, jaunes ou vertes, différentes de toi mais certainement complémentaires. Autant savoir ce que tu peux attendre d'elles et ce qu'il vaut mieux éviter de leur demander !

•

Pour chaque situation, tu découvriras 5 manières différentes de réagir. À quelle couleur de porte correspond chacune de ces manières ?

•

En jouant à plusieurs, transforme cet exercice en jeu de rôle. Après avoir choisi une situation, l'un d'entre vous mimera une porte de manière à bien l'incarner et la manifester, et les autres devineront quelle est cette porte.

•

Tu vérifieras tes réponses p. 61.

Autour de moi, ce jeu a fait rire ceux qui s'y sont adonnés,
quand ils se sont reconnus ou ont reconnu leurs proches.
Leur rire a aussi été une manière de conclure la paix avec le côté burlesque
qu'il y a en chacun de nous, avec notre tempérament
qu'il nous faut apprendre à apprivoiser, voire à apprécier.

Avant de te lancer, un petit rappel : n'oublie pas qu'aucune porte
n'est supérieure ou inférieure aux autres, elles ont chacune
ses atouts et ses attraits. Les connaître ne signifie pas les juger,
mais tout simplement réussir à établir des relations plus harmonieuses
avec ton entourage constitué d'individus singuliers
qui ne sont ni des robots ni des machines.

Alors, qu'attendre de chaque porte dans chacune de ces situations ?

Entraîne-toi à essayer de le découvrir.

1

Préparer un repas

A ☐ Elle ne va pas se compliquer l'existence : elle sait ce qu'il y a à faire et elle le fait, sans histoires et sans plus.

B ☐ Le repas sera délicieux, distingué, avec des ingrédients bien choisis, bien travaillés, bien présentés.

C ☐ Elle n'en aura jamais assez pour combler tout le monde et transformer le repas en festin.

D ☐ Elle prend son temps, chaque geste compte pour elle… et elle n'aime pas les complications. Un bol de riz blanc servi avec amour fera l'affaire.

E ☐ Un plan de combat est préétabli pour que les choses soient réalisées de manière efficace et rapide.

JEU

2

La séance shopping

A ☐ Le shopping n'est pas l'activité qui l'amuse le plus : il y a trop de bruit, trop de choses à voir, elle craint de se laisser piéger. Sans doute se limitera-t-elle à une seule boutique où elle prendra son temps.

B ☐ Elle regarde et repère un produit. C'est forcément le plus cher. Elle est malheureuse de ne pas pouvoir se le payer, essaye de se raisonner et finit par trouver un autre objet, forcément somptueux mais plus proche de son budget, qui lui conviendra.

C ☐ Avant d'acheter un objet, elle établit un plan d'action de toutes les boutiques proposant cet objet. Elle les visitera toutes en chronométrant son parcours pour trouver le meilleur en termes de qualité/prix.

D ☐ On va sur Internet, on voit ce qu'il faut acheter, on le commande et l'affaire est réglée. Il n'y a pas de raisons de s'égarer dans d'autres considérations.

E ☐ Elle commence par discuter avec le vendeur ou la vendeuse et cela dure très longtemps. Si longtemps qu'elle se perd en cours de route jusqu'à ne plus savoir ce qu'elle voulait acheter. Mais elle a passé un moment délicieux.

3

Participer à une réunion

A ☐ Elle aurait espéré que la réunion soit mieux organisée, qu'elle se déroule plus vite, et elle essaye d'y mettre de l'ordre.

B ☐ Elle n'ose pas intervenir et ne comprend pas pourquoi les participants sont aussi nerveux, pourquoi ils réagissent aussi intensément et compliquent tout.

C ☐ Elle veut tout évoquer, même les sujets qui débordent de la réunion, tient un long discours et les autres participants piaffent d'impatience…

D ☐ Les digressions, l'impréparation l'énervent et cela se voit. Elle se dit qu'une telle réunion n'est pas près de donner des résultats.

E ☐ Voici une occasion formidable de resserrer les liens ! De plus, elle sait comment rendre l'ambiance plus chaleureuse.

4

Organiser un mariage (ou un événement)

A □ Elle va réfléchir longuement pour créer une atmosphère inoubliable, magique, en trouvant le musicien auquel personne n'aurait pensé ou le traiteur le plus surprenant.

B □ Elle voit très clairement tout ce qu'il y a à exécuter, dans l'ordre et avec précision, sans jubilation ni pathos. Elle n'a aucune inquiétude : l'événement sera impeccable.

C □ C'est une épreuve difficile pour cette porte, avec trop de paramètres à prendre en compte. Si elle se connaît, elle fera appel à quelqu'un pour l'épauler. Sinon, elle rendra tout le monde fou.

D □ Elle sent tout ce qu'il faut faire pour que la fête soit accomplie. Il y aura assez à manger, assez pour s'amuser. Le résultat sera une réussite.

E □ Elle jubile ! Voilà une occasion d'avoir des idées lumineuses, de tout mener de front, d'inventer de nouvelles possibilités. C'est si amusant !

5

Être auprès d'un proche ou d'un ami malade

A ☐ La visite est bien planifiée, mais elle ne peut pas s'empêcher de voir ce qui ne va pas – ici un peu de poussière, là la qualité du repas. Elle en est chiffonnée.

B ☐ Elle a la capacité de voir la situation avec justesse. Elle comprend tout de suite ce qui peut aider, elle s'ajuste aux besoins et apporte une clarté rassurante.

C ☐ Elle exprime un océan d'amour, de chaleur, de bonté, de réconfort. Elle est à même de donner sans compter.

D ☐ Elle a cette extraordinaire capacité à être pleinement présente, totalement accueillante, sans rien dire mais avec de petits gestes réconfortants. Elle est accommodante, spacieuse, attentive.

E ☐ Elle est très réconfortante, hyperchaleureuse, va raconter des histoires pour distraire le ou la malade, lui tenir la main, pleurer, renforcer les liens.

6

Face à une fuite d'eau

A ☐ Cette fuite lui donne l'idée d'écrire un poème magnifique autour de cet événement bouleversant. Elle est prise par ses émotions, finit par appeler un ami ou une amie pour lui raconter l'aventure extraordinaire qui lui arrive.

B ☐ Son premier réflexe est d'inspecter la fuite, de rassembler les outils et d'établir un plan de combat en 5 étapes.

C ☐ Elle ne comprend pas très bien d'où vient la fuite et elle est un peu perdue, espérant que l'eau finira par se tarir toute seule.

D ☐ Branle-bas de combat face à ce drame absolu : elle appelle les pompiers, la police, le plombier, des amis et sort la panoplie d'outils qu'elle a accumulés… en attendant les secours.

E ☐ Elle prend le temps d'analyser la situation et, à partir de là, décide de la meilleure solution.

7
Participer à une compétition pour gagner

A ☐ Elle peut devenir très orgueilleuse, imbue d'elle-même : elle doit absolument gagner et donnera tout, sans limites, pour y parvenir.

B ☐ Elle a bien envie de gagner et trouvera la confiance pour y aller, sans se brusquer mais avec une vraie assurance.

C ☐ Elle doit gagner à tout prix ! Elle se compare aux autres pour être sûre d'être bien placée, aussi bien pendant le temps de préparation qu'au cours de la compétition qui devient, pour elle, une obsession.

D ☐ Elle a tellement bien réfléchi et repéré les moindres détails, tellement pensé à ses gestes, qu'elle est persuadée qu'elle va gagner.

E ☐ Son élégance séduira le jury. Elle peut effectivement gagner par la grâce qui l'habite.

8

Préparer un examen ou un concours

A ☐ Elle ne veut rien manquer, elle est prise par son besoin d'exhaustivité, elle va se procurer tous les livres, tous les documents… mais elle n'en lira pas un seul, trop occupée à chercher d'autres références pour encore mieux se préparer.

B ☐ C'est la force tranquille qui a révisé jour après jour, peut-être pas tout le programme mais une grande partie bien approfondie. Attention à ne pas se tromper de jour pour passer l'examen ou le concours !

C ☐ Après une bonne préparation, elle se rend à l'examen. Elle est tellement enthousiaste qu'elle rédige quarante pages sans aucune structure, que personne à part elle ne saurait lire. Mais elles sont pleines d'idées formidables !

D ☐ Elle est en colère contre le programme, contre l'examen qui n'est pas bien structuré et contre l'absence des bonnes références…

E ☐ Elle s'est perdue dans les détails, a lu un passage d'un livre et en a été tellement touchée qu'elle a eu envie de lire un autre livre qui n'était pas au programme mais qui l'a passionnée. Elle en a oublié le programme…

9
Diriger une entreprise (ou une équipe)

A ☐ Elle sait créer de la concorde, aller à l'essentiel, être solide, même si devoir dire non et prendre une décision rapide n'est pas son fort.

B ☐ Elle sent tous les possibles dans toutes les directions, peut être extrêmement créative et visionnaire à court et long terme pour amener l'entreprise à croître.

C ☐ Elle est excitée par cette perspective et repère toutes les opportunités. Son maître mot : il faut foncer, y aller. Même si elle confond parfois le fait de s'agiter et celui d'agir avec sens.

D ☐ Elle aime diriger au sens propre, à la manière d'un chef d'orchestre. Elle a une vision panoramique et sait commander pour atteindre l'objectif.

E ☐ Elle sait mettre les autres à l'aise et, si elle est habile, s'entourera de personnes qui permettront à ses intuitions et ses fulgurances de prendre forme.

10

Promener son chien

A ☐ Voilà une occasion extraordinaire de lier des relations avec tout le monde, de parler des chiens puis de la vie.

B ☐ La promenade est un moyen de s'aérer, de clarifier son esprit, d'y créer une paix.

C ☐ Cette promenade peut devenir une expérience poétique, presque une odyssée. Ici elle admire un papillon, là elle s'arrête devant les premiers bourgeons d'un arbre.

D ☐ C'est une autre manière de faire la fête et de combler le chien ! La promenade n'est pas tracée d'avance et elle ne sera jamais la même.

E ☐ Elle sait que son chien doit courir et qu'elle a elle-même besoin d'exercice. Elle fera une « bonne » promenade en ayant déterminé à l'avance le nombre de kilomètres ou de pas adéquats. Le parcours, lui, restera toujours le même.

POUR VÉRIFIER TES RÉPONSES

1- *Préparer un repas* : A - porte bleue • B - porte rouge • C - porte jaune • D - porte blanche • E - porte verte.

2- *La séance shopping* : A - porte blanche • B - porte jaune • C - porte verte • D - porte bleue • E - porte rouge.

3- *Participer à une réunion* : A - porte verte • B - porte blanche • C - porte jaune • D - porte bleue • E - porte rouge.

4- *Organiser un mariage (ou un événement)* : A - porte rouge • B - porte bleue • C - porte blanche • D - porte jaune • E - porte verte.

5- *Être auprès d'un proche malade* : A - porte verte • B - porte bleue • C - porte jaune • D - porte blanche • E - porte rouge.

6- *Face à une fuite d'eau* : A - porte rouge • B - porte verte • C - porte blanche • D - porte jaune • E - porte bleue.

7- *Participer à une compétition pour gagner* : A - porte jaune • B - porte blanche • C - porte verte • D - porte bleue • E - porte rouge.

8- *Préparer un examen ou un concours* : A - porte verte • B - porte blanche • C - porte jaune • D - porte bleue • E - porte rouge.

9- *Diriger une entreprise* : A - porte blanche • B - porte jaune • C - porte verte • D - porte bleue • E - porte rouge.

10- *Promener son chien* : A - porte rouge • B - porte bleue • C - porte blanche • D - porte jaune • E - porte verte.

PARTIE

3

L'ART DE VIVRE

avec sa porte

FAIRE LA PAIX AVEC SA PORTE

Une idée partout répandue, transformée en dogme, voudrait que nous ayons tous des qualités et des défauts, ces derniers constituant une entrave à notre bonheur, à notre épanouissement, à notre réussite, à notre capacité d'établir des relations harmonieuses avec notre entourage. Dans cette perspective, notre objectif, l'objectif de toute éducation, serait d'effacer, de détruire ces dits défauts, de nous « réparer », comme si nous étions des machines, pour nous lisser et nous remettre en état de fonctionnement.

Cette idée-là nie la vérité de notre existence. Nous ne sommes pas des machines, mais des humains. Nous ne sommes pas dotés d'un bouton « marche » et d'un bouton « arrêt », d'une colonne positive et d'une colonne négative, nous ne vivons pas en noir et blanc, mais sommes un enchevêtrement de couleurs et de nuances. Nous arrêter aux catégories « qualités » et « défauts » pour nous juger et nous placer dans une case ne sert qu'à alimenter la peur de soi, la colère contre soi, le regret d'être soi.

L'un des apports les plus précieux de l'approche des 5 portes est de nous délivrer de cette idée mortifère qui nous empêche de donner forme à la richesse de ce qui nous habite. Elle nous aide à comprendre, à donner place, à organiser nos caractéristiques plutôt qu'à chercher vainement à les mettre sous le boisseau. À supposer que nous y parvenions, que subsisterait-il de nous à part des êtres transparents, sans substance, qui ne pourraient ni être heureux, ni faire société ?

Faire la paix avec sa porte n'est pas une abstraction. Cela signifie comprendre sa porte, comprendre ensuite que lesdits défauts que l'on nous reproche sont aussi, à condition que nous les cultivions, que nous leur donnions leur place, de précieuses qualités.

Plus je reconnais ce que je suis, mieux je saurai ouvrir ce qui en moi est fermé et ainsi m'épanouir.

Car ce que nous appelons nos défauts n'est en réalité que l'une des faces de la médaille. L'autre face est la capacité qu'ils nous octroient de semer le bonheur, de laisser une trace positive sur les autres. On t'affirme que tu seras heureux si tu annihiles ces défauts. Mais ce que l'on t'engage à faire, c'est de jeter le bébé avec l'eau du bain.

Tu en doutes ? Voici, selon ta porte, quelques-uns des « défauts » que l'on te reproche (et que tu te reproches), et la richesse que chacun d'eux te procure dans ta relation avec les autres, avec le monde.

	« DÉFAUT »	L'AUTRE FACE DE LA MÉDAILLE
PORTE ROUGE	Superficialité	Capacité d'entrer en relation avec l'autre et de s'ajuster à son attente.
PORTE BLEUE	Colère	Capacité de décider, de repérer les injustices, de ramener la clarté.
PORTE BLANCHE	Timidité	Capacité d'écouter l'autre et de lui laisser de la place.
PORTE JAUNE	Être « trop »	Capacité d'être créatif, inventif, généreux, de nourrir l'autre à tous les niveaux.
PORTE VERTE	Côté cassant, militaire	Capacité d'écouter la situation puis d'agir sans se perdre dans les émotions.

EXERCICE

S'AGIT-IL DE « DÉFAUTS »...

Quels sont, dans cette liste, les défauts que l'on te reproche le plus ou que tu te reproches le plus à toi-même ? Relèves-en quatre ou cinq.

- ❏ Exubérance
- ❏ Lenteur
- ❏ Agitation
- ❏ Possessivité
- ❏ Avidité
- ❏ Tendance au ressassement
- ❏ Agressivité
- ❏ Tête en l'air
- ❏ Excès en tout
- ❏ Autoritarisme
- ❏ Jalousie
- ❏ Distraction
- ❏ Caractère fantasque
- ❏ Dureté
- ❏ Orgueil
- ❏ Hyperactivité
- ❏ Impulsivité
- ❏ Côté brouillon
- ❏ Peur de l'engagement
- ❏ Obsession des détails
- ❏ Intransigeance
- ❏ Colère
- ❏ Manque de confiance en soi
- ❏ Effacement
- ❏ Intolérance
- ❏ Difficulté à se concentrer sur une tâche

EXERCICE

… OU DE QUALITÉS ?

Note ci-dessous les quatre ou cinq défauts
que tu as relevés dans la liste précédente.
Relie-les de manière objective à l'une ou l'autre des 5 portes.
Nomme ensuite, pour chacun, des qualités qui en sont
inséparables – et qui sont l'autre face de la médaille.

Cet exercice peut te sembler difficile. C'est normal : tu es en train
de déconstruire un modèle dominant qui t'a été inculqué depuis l'enfance.
Va au-delà de tes premières impressions fondées sur la dichotomie
qualités/défauts et prends le temps d'explorer chacun
de ce que l'on t'a appris à appeler « défaut ».

EXERCICE

LEURS ATOUTS

Pense à trois personnes, réelles ou de fiction, qui t'inspirent.

En face de chaque nom, note l'un de ses défauts.

Ensuite, sur le modèle du tableau p. 65, relève, devant le défaut, de quelle manière il se révèle être un atout pour cette personne. Je te donne un exemple : Tintin, porte blanche par excellence, est un peu naïf, il a bon cœur mais il ne réfléchit pas toujours. En revanche, il est tellement ouvert aux situations et accueillant qu'il est celui qui finit toujours par trouver la solution au problème.

« C'EST COMME SI J'AVAIS ÉTÉ NOMMÉ »

« Je n'ai jamais su trancher, décider. Quand j'ai découvert que ce n'est pas un défaut de fabrication, mais juste une manière d'être au monde qui s'appelle porte blanche, j'ai éprouvé l'énorme soulagement d'être enfin reconnu. Au-delà du fait de ne pas savoir trancher, il y a ce désir d'harmonie que je ressens en moi, un besoin profond que les choses soient bonnes, qu'il y ait de l'espace pour elles. C'est comme si j'avais été nommé. J'ai pu comprendre qui j'étais, l'expliquer un peu plus. Il m'a fallu attendre la fin de ma vingtaine pour savoir. Même si j'avais déjà, par la pratique de la méditation, commencé à reconnaître ce que j'étais et qui n'était pas encore explicité. J'ai enfin pu me foutre la paix, aller au-delà des apparences de cette personne qui ne sait pas choisir ni trancher, même devant un menu de restaurant. Cette reconnaissance a développé en moi une certaine tendresse pour ce que je suis… »

ANTOINE, PROFESSEUR DES ÉCOLES

« SENS TON CŒUR »

« Je me sens à ma place quand je suis en lien – avec les gens, la musique, un paysage… Il en a toujours été ainsi, mais ce n'était pas aussi net. J'ai réellement découvert ma place quand j'ai su que j'étais porte rouge. Mais ce qui m'a le plus aidée, c'est de repérer tous les moments où je ne suis pas en lien, ceux où je me crispe, et de les mettre en parallèle avec les moments qui me rendent heureuse, où je me sens en phase, vraiment bien. Aujourd'hui, dans mon métier d'enseignante de chant classique, quand je me raidis ou que je me sens trop dériver vers la technique, j'ai la clé, un moyen habile, une phrase magique. Je me dis à moi-même : "Sens ton cœur." Je me détends aussitôt pour revenir au lien, pour me sentir en lien. Mon rapport aux autres a été éclairci et changé, il s'est apaisé. »

MURIEL, ENSEIGNANTE DE CHANT CLASSIQUE

« MA VIE EST PLUS FACILE DEPUIS QUE J'AI IDENTIFIÉ MES FORCES »

« Depuis que je sais que je suis porte bleue, je m'autorise beaucoup plus à avoir ce caractère dans lequel je me reconnais. J'avais honte de certains traits, je m'en voulais de ma propension à lancer des piques blessantes. Depuis que j'ai compris que c'était ma façon d'exprimer ce que je pense, j'ai pu commencer à travailler ce point et au fond, je n'en ai plus autant besoin : les piques jaillissaient quand je retenais trop ce que j'avais à dire. Je peux même retenir ma pique avant de la dire autrement. Je ne suis plus, non plus, démunie face à ma clarté de vision d'une situation. Je la reconnais comme une qualité que je m'autorise à exploiter, y compris dans mon travail, quand je dirige des acteurs. Jusque-là, je passais beaucoup de temps à me demander si ma vision était légitime, comment elle serait reçue, et je laissais passer beaucoup d'occasions. Ma vie est tellement plus facile depuis que j'ai identifié mes forces ! »

CLAIRE, METTEUSE EN SCÈNE

EXERCICE

REPÉRER SES MÉCANISMES D'ÉCHEC

Nous avons tous des mécanismes d'échec dont nous ne sommes pas conscients, en lien avec notre porte. Par exemple, face à une situation de stress :

- **La porte verte** veut surcontrôler la situation, quitte à rajouter des processus, ce qui risque de démotiver les autres personnes impliquées.
- **La porte rouge** se perd entre toutes les possibilités qui pourraient être déployées, elle demande l'avis des uns et des autres et s'écoute tellement que plus rien n'avance.
- **La porte bleue** devient encore plus tranchante, elle perçoit la situation avec clarté mais s'énerve que cela ne soit pas le cas pour tout le monde. Elle pique une colère, ne tient pas compte des autres et les effraie.
- **La porte blanche** est paralysée par l'intensité du stress, par l'agitation des autres qui ont tendance à vouloir la secouer, ce qui a pour conséquence de la figer encore plus.
- **La porte jaune** trouve cinquante solutions, mais le trop est l'ennemi du bien et elle n'arrive plus à voir laquelle mettre en application.

Et toi, à quelle porte appartiens-tu ? Reconstruis une situation similaire que tu as effectivement vécue. Comment aurais-tu dû réagir en valorisant les atouts de ta porte ? Mon amie Julie, porte blanche, reconnaît qu'au lieu de se figer, elle aurait pu prendre le temps de se poser, de considérer la situation à son rythme, de prendre appui sur sa capacité d'écoute pour élaborer une vraie solution (et ne pas s'en vouloir de ne pas être la plus réactive).

« JE NE M'EXCUSE PLUS D'ÊTRE… ET C'EST MAGIQUE »

« C'est par la porte jaune que je suis au monde. Le découvrir a tout changé pour moi. J'avais passé quarante ans de ma vie à être ce que je n'étais pas, je pouvais enfin m'autoriser à être moi. Enfant, on me disait déjà que j'en faisais toujours trop et j'entends encore ma mère me réprimander : "Mais on n'est pas au théâtre !" J'aime l'abondance, j'aime recevoir, j'ai toujours peur que les autres manquent, je veux que tout soit plus grand, plus beau… et j'ai longtemps regretté de ne pas savoir être plus sobre. Aujourd'hui, je me sens beaucoup plus juste et, paradoxalement, je déborde beaucoup moins. Je peux rester au bon endroit et, à partir de là, tout déployer, me faire entendre et être entendue, aussi bien au travail qu'en famille. Je ne m'excuse plus d'être et c'est magique, pour moi-même et dans ma relation avec les autres. Je suis rentrée dans la profondeur de qui je suis… »

RYWKA, MANAGER

« DÉSORMAIS, JE FAIS AVEC PLUS DE PLAISIR »

« M'identifier porte verte m'a éclairée sur moi-même. J'avais toujours pensé que je faisais ce qu'il fallait faire, surtout en mère de famille avec trois enfants. J'agissais automatiquement. J'ai finalement compris qu'en réalité, j'aimais faire, que je savais faire et que je n'aimais pas déléguer. Curieusement, maintenant que je le sais, je délègue beaucoup plus, même si j'ai tendance à trouver plus simple et plus rapide de faire moi-même. J'ai également plus de bonheur à faire maintenant que je m'autorise à choisir ce que je fais. Récemment, une soirée était organisée par des amis, je me suis proposée pour tout préparer et j'en ai tiré un immense plaisir. Ce faire-là m'a vraiment nourrie. »

SYLVIE, TECHNICIENNE DE LABORATOIRE À LA RETRAITE

EXERCICE

LE MYTHE DE L'ADULTE TOUT-PUISSANT

Tous les parents, tous ceux qui ont à travailler avec les adolescents, sont parfois, voire souvent, confrontés à une difficulté de communication. L'ado se cabre, il érige un mur autour de lui, non pas pour se retirer mais pour se protéger. De quoi ? De l'adulte qui, sans le vouloir, se présente comme celui qui sait, qui réussit, par opposition à l'ado en recherche, inquiet, maladroit, qui reçoit l'ordre de devenir aussi parfait que cet adulte.

Et si vous jouiez ensemble aux 5 portes ? Elles ont chacune leurs forces et leurs faiblesses. Commence par la tienne ! Explique avec sincérité cette porte à ton ado. Raconte-lui sans jugements cet être imparfait, donc normal, que tu es. Ta timidité de porte blanche, ton envie de clarté de porte bleue, ton besoin de liens de porte rouge, ton agitation de porte verte, ta tendance à accumuler de porte jaune. Dis-lui que tu n'es pas tout-puissant.

Passe ensuite à sa porte. Dis-lui qui il est, explique-lui ses atouts et pointe ce qu'il appelle ses défauts qui ne sont pourtant que l'autre face de la médaille. Entamez enfin une relation féconde.

PARTIE

4

SE RELIER

à l'autre porte

QUAND LES PORTES DEVIENNENT UN OUTIL DE FORMATION

J'ai rencontré Alexandre Dana quelques mois après la parution de mon livre *Les 5 portes*. Il m'avait écrit pour partager son expérience. Fondateur de LiveMentor, le premier organisme de formation en France pour les créateurs et créatrices d'entreprises, il avait intégré la théorie des 5 portes à son cursus de management et obtenait, me disait-il, des résultats surprenants. Nous nous sommes régulièrement revus pour aller plus loin, ensemble, dans la réflexion…

FABRICE MIDAL Alexandre, je ne t'ai jamais demandé comment t'est venue l'idée d'utiliser les 5 portes pour former des personnes qui ont à travailler avec des business plans, des modèles économiques, qui ont à recruter des collaborateurs, à trouver des fournisseurs, des clients. Au fond, où est le rapport ?

ALEXANDRE DANA Après avoir vu passer plusieurs dizaines de milliers de personnes dans nos formations, je suis arrivé à la conclusion que, dans le succès d'un projet, les compétences techniques sont anecdotiques par rapport à la connaissance de soi et de l'autre. Quelle que soit l'expertise technique que l'on possède, si l'on essaye de suivre un modèle, de « coller » à une certaine idée de l'entrepreneuriat et de ce que doit être un entrepreneur, le projet rencontrera des difficultés. Je voyais ce phénomène se répéter, mais je n'avais pas la clé. Avec les 5 portes, j'ai découvert une approche fondée sur les aspirations profondes de chacun, offrant beaucoup plus de facilités dans la réalisation des projets. Mais toi, as-tu aussi pris appui sur les 5 portes pour accomplir ton travail, en particulier pour établir Reso, l'école de méditation ?

FM Ces portes, qui m'ont été transmises il y a près de trente ans, sont mon hygiène de vie et j'agis à partir du savoir qu'elles me donnent. Quand j'ai fondé en 2007 l'École occidentale de méditation, devenu Reso, je n'avais aucun modèle correspondant à ce que j'ambitionnais. Je me suis basé sur ma porte, sur ce qui m'inspirait et j'ai donc inventé un modèle.
Autre aspect, mon travail avec mes équipes. Là, j'ai toujours parié sur l'humain. Je n'ai jamais réduit les individus à une fonction mais, en reconnaissant la porte de chacune et chacun, je les ai aidés à manifester ce qui les anime, je les ai reconnus et je les ai accompagnés pour qu'ils s'accomplissent. En même temps, ils me donnent le meilleur d'eux-mêmes. Pour dire les choses plus directement, il faut prendre appui sur les forces des gens au lieu de leur taper dessus.

AD Une grande confusion porte autour de la question : l'entrepreneuriat est-il pour tout le monde ? L'outil des 5 portes permet de déplacer le problème et d'arriver à la vraie question : qui suis-je et quelle porte m'anime ? Il n'y a pas d'entrepreneuses et d'entrepreneurs « de naissance », il y a des personnes qui savent qui elles sont et, à partir de là, peuvent lancer un projet, et même plein de projets différents qui deviennent des évidences. Le deuxième grand champ d'application porte sur le rapport aux autres. La première cause d'échec des entreprises avec associés réside dans les conflits entre ces associés. Les plus grandes difficultés se retrouvent dans la vie en équipe guettée par les crispations, les fermetures, la peur que le travail ne soit pas effectué correctement, dans les interrogations sur la valeur apportée par chacun. Puis il y a les relations avec les fournisseurs, avec les clients qui sont le moteur de tout projet. Rentrer dans la relation, dans une compréhension profonde de l'autre, est un renversement total. J'en donne un exemple : les entretiens annuels que je mène moi-même avec une partie de ma centaine de collaborateurs. J'avais du mal à me retrouver dans les approches traditionnelles qui consistent à prendre une grille d'évaluation, avec une liste d'objectifs à atteindre et des cases à cocher.

Depuis les 5 portes, j'ai changé de méthode, j'ai abandonné les tableaux et les scores et je considère que mon rôle est désormais, à l'occasion de ces entretiens, de faciliter l'exploration, par chacun, de sa porte, de ses aspirations profondes. Les retours sont magnifiques.

FM Je n'aurais jamais imaginé que les 5 portes, que j'ai découvertes avec des maîtres tibétains, deviendraient un jour un outil intelligent pour inventer sa vie d'entrepreneur, trouver de la force pour se réaliser, inventer des projets. Mais j'en suis très heureux car elles offrent une formidable manière de comprendre le monde, de ne plus s'en sentir éloigné, étranger. Maintenant, le lien entre les portes et le monde de l'entreprise tient beaucoup à ton propre travail et à nos échanges. Et je t'en remercie car grâce à toi, je découvre d'autres facettes de cet enseignement.

EXERCICE

LES LIEUX DE CONFLIT

Quand les portes sont aveugles à elles-mêmes, quand elles ne se comprennent pas et ne parviennent pas à appréhender l'autre, ses besoins et ses mécanismes, elles sont ouvertes à tous les conflits. Elles sont alors persuadées que l'attitude de cet autre est voulue, réfléchie, dirigée contre elles. En réalité, l'autre ne fait qu'exprimer son mode de fonctionnement.

Récepteur / Acteur	**ROUGE**	**BLEU**
ROUGE	Des paroles, des paroles et rien ne se décide	Quel bavardage inutile !
BLEU	Glaçant !	La colère
BLANC	De l'ennui	Du mépris
JAUNE	L'étouffement	Une profusion qui décontenance et entraîne la colère
VERT	La brutalité et le manque de reconnaissance	L'énervement face à tant d'agitation

EXERCICE

Dans ce tableau sont résumées les principales interactions sources de conflit entre les différentes portes. Sa lecture est simple. La première colonne, verticale, est celle de l'acteur, celui ou celle qui agit. La première ligne, horizontale, est celle du récepteur, son vis-à-vis. La case où colonne et ligne se rejoignent t'indique la source de conflit ou le reproche principal ressenti par le récepteur face à l'acteur. Par exemple, quand le rouge agit, le blanc, son vis-à-vis, le trouve envahissant.

Et toi, quelle est la pierre d'achoppement avec les portes de ton entourage ?

BLANC ⊙	**JAUNE** ■	**VERT** ▶
L'envahissement	Le manque de profondeur	Beaucoup de confusion
Se sent intimidé	La brutalité	La réflexion est une perte de temps
La panique face à l'immobilisme de la situation	Une insatisfaction si profonde qu'elle blesse	L'énervement, une envie de bousculer le blanc
L'étouffement	Trop de confusion	Une sensation d'envahissement
La violence de tant d'agitation	Un manque de cœur	De la jalousie et une entrée en compétition

EXERCICE

DÉSAMORCER, MODE D'EMPLOI

Tu vis probablement, comme tout le monde, des situations de conflit ou de conflit larvé avec des membres de ton entourage (amis, famille, collègues…). Pense à une personne en particulier, identifie sa porte en revenant, si besoin, au «Test à deux» (p. 20) et repère, dans le tableau résumant les lieux de conflit (page précédente) la principale pierre d'achoppement dans votre relation.
Note-la ci-dessous et, à partir de là, imagine un ou deux scénarios qui te permettraient de la surmonter et de ne pas arriver au conflit.

LA PIERRE D'ACHOPPEMENT

___

SCÉNARIO 1

___

___

SCÉNARIO 2

___

___

Plus je bouscule mon ami Hervé, porte blanche, plus il se crispe et ralentit : il a l'impression que je l'agresse. Et plus il ralentit, plus je m'énerve… La solution est de comprendre qu'Hervé ne ralentit pas pour m'énerver mais parce qu'il a besoin de respecter son propre rythme. Si je lui donne une consigne claire («Nous devons partir dans un quart d'heure») et que je n'insiste plus, je sais qu'il la respectera.

« DANSER AVEC LA RÉALITÉ »

« Cadre dans l'administration, j'ai à gérer une équipe de six personnes et à être en lien avec les autres secteurs. La porte rouge que je suis s'est évidemment intéressée aux portes de ses collaborateurs, et cela m'a permis d'être plus vigilante, d'avoir le comportement plus juste avec eux. Ma collaboratrice porte bleue est rapide, mais quand elle commence à rentrer dans les détails, un dossier peut, au final lui prendre beaucoup temps. Nous avons enfin pu en discuter. Ma collaboratrice porte verte fonce sans tenir compte d'enjeux politiques ou délicats ; je me fie à son efficacité, mais je lui confie des tâches moins sensibles. Quant à ma supérieure, elle est jaune. Depuis que je le sais, nos relations se sont harmonisées. Les portes me permettent de danser avec la réalité... »

GLENDA, CADRE DANS LA FONCTION PUBLIQUE

« JE NE M'OFFUSQUE PLUS, JE ME CRISPE MOINS »

« Dans mon couple, le jeu des 5 portes a été aidant. Il m'a souvent évité d'entrer dans le conflit. Savoir que mon mari est porte jaune m'a en effet permis de comprendre sa manière de réagir. Ainsi, il a du mal à choisir parce qu'il veut tout. Au restaurant, il change tout le temps d'avis, me laisse faire mais ce que je choisis ne lui va jamais. Je dois reconnaître que pour moi, porte blanche, il est tout aussi compliqué que pour lui de choisir, mais pour d'autres raisons : choisir, c'est trancher, donc éliminer... En comprenant ma porte mais aussi la sienne, je sais désormais ce qui se passe. Et je ne m'offusque plus, je me crispe moins. »

BENJAMIN, DIRECTEUR DE RESO, ÉCOLE DE MÉDITATION

« J'AI GAGNÉ EN TOLÉRANCE »

Je suis porte verte. J'aime agir et ceux qui restent les bras ballants quand il y a à faire me crispent. Je pense à ma sœur, une vraie porte rouge qui a besoin d'un temps pour dire bonjour, comment ça va, pour bavarder et raconter des choses qui me semblent inutiles. Ce temps du long bonjour, j'ai tendance à le zapper pour rentrer directement dans l'action. Avec la théorie des 5 portes, j'ai compris que je ne suis pas asociale. Comme ma sœur, je suis contente de me retrouver en famille, de créer des liens. Comme elle, je rencontre les autres, mais différemment : pour moi, la rencontre intervient non pas en prélude, mais dans le feu de l'action. Ma sœur a besoin de temps pour se poser. Pour elle, ce n'est pas une perte de temps. Je suis devenue plus tolérante à cet égard. J'avais tendance à couper court ses bavardages. Je ne le fais plus, ou en tout cas pas de la même manière. »

ISABELLE, CADRE DANS LA GESTION ADMINISTRATIVE

EXERCICE

JEUX DE RÔLE

Et si tu t'entraînais à réagir à certaines situations exactement comme le feraient les autres portes ? Tu es porte rouge ou blanche ou bleue, oublie, le temps d'un jeu, ce que tu es, et « déguise-toi » en une autre porte. Il est important d'apprendre à sortir de ses propres habitudes de pensées et de comportements, d'avoir la souplesse de s'adapter à toutes les situations, à tous les caractères.
Par exemple, un ou une ami(e) insiste depuis plusieurs jours pour que tu viennes l'aider, ce mercredi, à s'installer dans son nouvel appartement. Il ou elle ne s'en sort pas seul(e). Or, tu as promis à tes enfants de passer cette journée avec eux. Comment lui diras-tu non ?

- **Porte rouge** : « J'en suis meurti(e), j'ai le cœur fendu de devoir te le dire, mais je ne peux vraiment pas. J'espère que tu le comprendras. »
- **Porte bleue** : « On en a déjà parlé et je t'ai dit non. Je ne peux vraiment pas. »
- **Porte blanche** : « Demain ? Tu veux le faire demain ? Je regarde mon agenda. Ah oui, mais demain j'ai promis à mes enfants de passer la journée avec eux et ils seraient tristes si je reporte. »
- **Porte jaune** : « J'adorerais venir, tu comptes tellement pour moi ! Ton projet est génial, j'aimerais tellement être avec toi ! Mais c'est vraiment impossible. »
- **Porte verte** : « C'est génial et j'ai plein d'idées ! Prenons le temps de voir ce qu'il y a à faire, mais pour demain ce sera trop juste. Remettons cela à plus tard. »

À toi de jouer ! Je te propose trois situations, mais tu peux aussi laisser libre cours à ton imagination pour en inventer d'autres.

- Le pneu de mon vélo (ou de ma voiture) est à plat. Peux-tu m'aider ?
- Nous sommes huit. Je te laisse dresser le plan de table et nous installer ?
- Je te laisse organiser nos vacances d'hiver ?

QUAND L'AUTRE EST MERVEILLEUX POUR MOI

Récepteur / Acteur	ROUGE	BLEU
ROUGE	De la gaîté, du réconfort	L'amusement face à la chaleur et à la séduction
BLEU	Un peu plus de stabilité	L'autorisation de voir encore plus clair, d'être encore plus précis
BLANC	De la détente : on peut enfin être soi-même	Le droit de se détendre
JAUNE	L'invitation à manifester sa créativité	La perception de dimensions inconnues
VERT	La possibilité de se mettre en mouvement, plutôt que de s'écouter	La capacité de réaliser ses idées, ses projets

En suivant le même principe de lecture que pour le tableau consacré aux lieux de conflit (p. 80), découvre dans le tableau ci-dessous tout ce que les autres portes de ton entourage peuvent t'offrir pour t'aider à t'épanouir et à te réaliser dans ta vie personnelle et professionnelle. Sans leur présence à tes côtés, ne serais-tu pas, quelque part, atrophié(e) ?

BLANC	**JAUNE**	**VERT**
Et la vie se déverse en soi...	Le ravissement devant l'expression de la joie	Attendrissant rouge qui touche le cœur !
La clarté	La simplicité, la capacité d'aller droit à l'essentiel	L'amplitude de la vision
Le soulagement d'être ensemble sans besoin de s'agiter	Le soulagement face à l'autorisation d'être qui on est	Dans cet espace offert, tout est possible
L'espace vide se remplit de vie, d'enthousiasme, d'allant	Face à l'autre qui est comme moi, je peux être pleinement moi	L'obsession des objectifs devient moins lourde
Un vent de fraîcheur qui met en mouvement	L'émerveillement face à la puissance de l'accomplissement	La puissance de la créativité est stimulée

EXERCICE

GRATITUDE

Pense avec gratitude à toutes les personnes qui, grâce à leurs couleurs, enrichissent tous les jours ta vie et t'aident à mener ta barque – alors que souvent, tu ne leur prêtes pas attention ou si peu.
Peut-être même que certaines portes t'irritent.
Remarque leurs talents propres, ce qu'elles apportent. Puis prends l'initiative de les en remercier, soit lorsque tu les rencontres, soit en leur passant un coup de fil ou en leur envoyant un message ou un mail.
Il est important de savoir remercier chaque porte. D'apprendre à être en paix avec toutes ces manifestations de sagesse… car chaque porte contient une profonde sagesse !

« DÉSORMAIS, AU LIEU D'IMPOSER MA VISION, JE JOUE À CE JEU »

« Je suis porte jaune et, avant de découvrir les 5 portes, j'étais au monde avec mon propre biais. Je ne comprenais pas les autres, je reprochais à mes collaborateurs de ne pas faire assez, plus, mieux, plus grand. Désormais, au lieu d'imposer ma vision, je joue à ce jeu, j'utilise l'outil des 5 portes. Par exemple, je sais que je dois laisser tranquilles les portes blanches, des personnes formidables que j'aurais auparavant un peu bousculées. Je leur laisse du temps, de l'espace. Heureusement qu'il existe plein de couleurs autour de moi ! Et avec toutes, j'ai réussi à établir des rapports plus justes. Mon mari est d'ailleurs porte blanche. Depuis que nous nous sommes mutuellement identifiés, nous avons beaucoup moins de disputes. »

RYWKA, MANAGER

« DIRIGER DES ACTEURS DEVIENT UNE FÊTE »

« Depuis que je suis familiarisée avec les 5 portes, j'essaye de détecter la porte de mes interlocuteurs pour savoir comment m'adresser à eux au mieux. Cela m'est très utile dans mon métier de metteuse en scène où j'ai à diriger des acteurs. Mon objectif est d'aider chacun dans son jeu, et j'y réussis mieux : ils se reconnaissent dans ce que je leur dis. Je laisse à une porte blanche plus de temps pour qu'elle trouve d'elle-même son chemin. Avec une porte bleue, je suis un miroir de son jeu pour qu'elle voit par elle-même ce que j'attends d'elle. J'aide une porte rouge à se relier à son environnement, à ses partenaires… Il y a moins de tensions, moins de clashs. Diriger des acteurs devient une fête. »

CLAIRE, METTEUSE EN SCÈNE

SE RELIER… À UN ADO

Les parents sont souvent démunis face à leur ado. Ils se demandent « par quel bout le prendre » pour ouvrir un espace d'échange et établir un début de communication. Ils veulent « bien faire ». Parfois, ils veulent « tellement bien faire » qu'ils sont prisonniers de leur rôle de parents. Et aimeraient tant que leur ado corresponde à l'image idyllique qu'ils s'en font ! Une relation vraie ne s'établit qu'entre deux singularités. La première étape est celle de la rencontre. Qui est cet enfant ? Quelle est sa porte ? Commence par l'identifier. Tu as l'impression qu'il fait preuve de mauvaise volonté, qu'il fait exprès d'être trop agité, trop solitaire, trop dans l'attente, mais est-il en faute d'être porte verte, blanche ou jaune ? Effectuez les tests ensemble !

La deuxième étape consiste à l'aider à cesser de s'en vouloir de sa singularité, à se réconcilier avec ce qu'il est et qui l'angoisse, lui fait peut-être honte. Tu vas l'accompagner dans sa nature et lui donner l'occasion de déployer ses atouts.

- **La porte verte** a besoin d'être canalisée dans son désir d'action à travers des activités lui permettant de faire, de créer.
- **La porte rouge** qui papillonne et passe des heures au téléphone attend que tu lui donnes une direction féconde pour créer des liens plus fort où son intelligence se met à l'œuvre.
- **La porte bleue** a envie de clarté et se met en colère quand celle-ci lui échappe. Ne prends pas les colères de ton enfant ou de ton adolescent comme une faute à punir, essaye plutôt de comprendre le besoin de justice qu'il y a derrière ces colères.
- **La porte blanche** est parfois dans la lune, elle a besoin d'espace, parfois de solitude. Respecte ce besoin fondamental qui est le sien.
- **La porte jaune** a des demandes continues, elle est insatiable. Tu ne peux certes pas y céder en permanence, mais apprends à ne pas culpabiliser ton enfant ou ton ado pour son besoin de plénitude…

PARTIE

5

MANIFESTER

le pouvoir des 5 portes

COMMENT J'AI APPRIS À MANIFESTER LES 5 PORTES

Le jour où j'ai appris que j'étais porte jaune, j'ai été interloqué. J'étais très jeune. À cette époque, je ne sentais en moi aucune des caractéristiques de cette porte, et certainement pas la richesse ni la complétude qu'elle offre. J'avais, au contraire, le sentiment de ne pas être à la hauteur et de manquer de tout, y compris d'intelligence et de connaissances. J'étais dans l'insatisfaction, alimentée par mon manque de confiance en ce que j'étais vraiment.

L'apprendre fut un séisme ; le comprendre entraîna un soulagement infini. Pour la première fois, je ne me sentais plus en faute, je ne me sentais plus coupable d'être. Je n'avais plus à dépenser toute mon énergie à essayer de cacher les tares, les défauts de fabrication que j'étais certain de porter en moi. La révolution était extraordinaire. Je me découvrais devant un continent, devant mon être à explorer, à la recherche du trésor qui s'y cachait. Il me restait alors beaucoup de travail à mener pour réussir à articuler le manque que j avais toujours ressenti avec le besoin de richesse (spirituelle, intellectuelle, affective…) inhérent à cette porte, et de faire confiance à ce besoin plutôt que de me focaliser uniquement sur le manque.

En parallèle, j'explorais les quatre autres portes auxquelles j'étais, comme tout le monde, exposé. Ce ne fut pas toujours aisé.

Mon expérience de la porte bleue fut d'abord douloureuse. Quand j'entrais en rapport avec elle, j'avais l'impression d'être coupé de mon corps, cantonné dans ma tête. Son côté dur, tranchant m'effrayait, moi qui étais dans le tout, dans le trop. Puis j'ai appris à l'apprivoiser, à en faire une amie et, à partir de là, à manifester son pouvoir. J'ai réalisé que l'intelligence des situations lui appartenait et que je pouvais m'en servir. Grâce à la possibilité de manifester cette porte, j'ai poursuivi avec bonheur mes études de philosophie puis écrit mes livres. Aujourd'hui, elle ne m'est plus du tout étrangère. Sa clarté m'apaise et, dans certaines situations où je suis pris dans l'intensité émotionnelle de la porte jaune, je suis soulagé de pouvoir lui faire confiance.

La porte verte, ma porte complémentaire, m'était plus familière. Mais j'avais un rapport restreint avec elle, au point de n'en manifester que l'agitation. Jeune, j'avais besoin de bouger pour me sentir vivant. Avec le temps, j'ai compris que l'agitation est un manque de confiance dans le pouvoir de cette porte, dans le bonheur d'agir qu'elle procure. Notre monde valorise la pensée et considère que l'action lui est inférieure. Quelle erreur ! Agir est une manière de comprendre le monde. Quand j'enseigne, quand j'écris, je commence par « faire » : je range la pièce, j'ordonne mes fiches et je me mets ainsi, de manière très concrète, en rapport intime avec la tâche que je me prépare à entreprendre.

La porte rouge, elle, a été pour moi assez douloureuse. Je n'en retenais que la superficialité, difficile à vivre quand on a besoin que tout soit plein, complet. Curieusement, elle me renvoyait au sentiment de ne pas me sentir aimé. Puis, en explorant le rouge en moi, m'est apparue la grâce, la compassion chaleureuse que recèle cette porte. J'avoue que j'y ai gagné en légèreté.

La porte blanche a été un autre choc. J'en voulais parfois un peu aux « blancs » de mon entourage de ne pas être plus rapides, plus efficaces. J'ai compris l'absurdité de cette pensée en prenant conscience du bonheur que me procurait leur présence à mes côtés. Je rentre dans cette porte quand je me promène, j'en accepte la simplicité, voire une certaine forme d'ennui qui permet de mieux goûter aux choses de la vie.

J'ai aussi accepté et compris le profond bonheur que j'ai à être en présence d'une porte blanche – de l'extérieur, ces portes ne brillent pas mais elles cachent en elles une délicatesse, une présence, une ouverture et un trésor qui m'apaisent profondément.

Mais quand je médite, je suis pleinement jaune. Le jaune le plus ouvert possible. Mon besoin de complétude, de richesse, se manifeste alors sans peur ni gêne. Je laisse cette porte se déployer pleinement.

Il m'a fallu de nombreuses années pour ne plus utiliser la méditation contre ma nature.

Manifester les 5 portes te demandera sans doute un peu d'efforts, un travail sur toi-même. Plus tu avanceras sur ce chemin, plus tu découvriras qu'elles deviennent, pour toi, une manière de jouer avec la vie. De mieux faire germer le bourgeon d'élan vital qu'il y a en toi.

« NOMMER MES PORTES M'A DONNÉ DES REPÈRES »

« Je suis d'abord rouge, voire rouge ardent, mais teintée de blanc. J'ai besoin de tisser des liens pour exister pleinement, mais j'ai du blanc la capacité d'ancrage et la notion d'espace. Ce matin, avec ma plante, j'ai tissé des liens très blancs : je me suis absorbée dans ses détails, dans ses couleurs, dans les reflets du soleil sur ses feuilles. Quand je me suis assise sur mon coussin de méditation, j'étais également très blanche, l'espace s'est élargi, j'étais ancrée à ma place et tout était englobé. Mais dans cet espace, mon rouge se manifestait avec son ardeur, j'étais en lien intense avec tout ce qui m'entourait. J'ai toujours conjugué ces deux aspects, mais le fait de les avoir nommés m'a donné des repères. J'ai mis des mots sur une situation qui parfois m'échappait et je l'ai ancrée. »

EVELINE, PSYCHOTHÉRAPEUTE

« J'AI APPRIS À PARIER SUR LA JUSTESSE DES SITUATIONS »

« Je suis porte bleue, mais ma porte complémentaire, qui est blanche, est tout le temps là, bien ouverte. Elle m'apporte beaucoup plus d'humanité dans mes relations, y compris avec mes patients. J'utilise aussi les ressources des autres portes, je me surprends à devenir jaune avec des portes jaunes quand j'ai besoin d'enrichir nos échanges, d'y apporter de la chaleur plutôt que de me limiter au côté tranchant de ma porte bleue. J'ai découvert cette capacité en me familiarisant avec les 5 portes. Spontanément, je n'aurais pas été dans cette direction. Je n'y aurais pas pensé. En fait, avec les portes, j'ai appris à parier sur la justesse de chaque situation. À être à leur écoute pour exprimer ensuite leurs qualités que j'ai en moi. Et j'adore ça ! »

CLÉMENT, KINÉSITHÉRAPEUTE

EXERCICE

UNE AFFAIRE DE TRANSMISSION

Note ci-dessous les noms de trois personnes de ton entourage que tu apprécies ou admires, qui t'aident ou sur lesquelles tu peux prendre appui.

____________________ ____________________

____________________ ____________________

____________________ ____________________

En face de chaque nom, note l'une des caractéristiques de cette personne que tu apprécies particulièrement. À son contact, ne sens-tu pas cette caractéristique déteindre sur toi, c'est-à-dire révéler une porte que tu as en toi ? Mon ami Hadrien est porte bleue. Quand nous sommes ensemble, il m'apporte de la clarté, me permet de hiérarchiser mes pensées. Benjamin, qui est porte blanche, me révèle que je suis, moi aussi, capable de prendre le temps d'écouter et de laisser à l'autre l'espace nécessaire pour qu'il se révèle.

Et toi, qui, autour de toi, te permet d'apprivoiser tes portes ?

« MON MÉTIER EST DE TOUTES LES COULEURS »

« Dans mon métier d'architecte, j'ai à manifester toutes les portes : je ne peux pas me contenter d'être porte blanche. J'ai besoin de la porte bleue pour le projet lui-même, quand je dois avoir une vision d'ensemble tout en réglant ses moindres détails. Ensuite, un projet, je ne le réalise pas seul. J'ai de multiples interlocuteurs, très différents : le client, le bureau d'études, les ouvriers, et je dois m'ajuster et entrer en relation avec chacun pour que le projet aboutisse, j'ai besoin ici de la porte rouge. La porte verte m'est indispensable pour faire, pour concrétiser l'idée. La porte jaune m'est tout aussi nécessaire pour penser à tout, pour qu'il ne manque pas le moindre détail. Être une porte blanche reste au cœur de mon métier qui a rapport à l'espace, qui consiste à donner de l'espace à ceux qui vont vivre dans ce que je construis. »

BENJAMIN, ARCHITECTE

« SAVOIR DIRE NON »

« Je suis très jaune, c'est vrai, mais pour savoir dire non, je dois utiliser d'autres ressources, moi qui ai tendance à toujours dire oui. C'est curieux, mais j'ai de plus en plus souvent besoin de dire non, y compris pour aider des situations dans lesquelles le oui serait vain. J'en appelle alors à la porte bleue qui voit, je pense à des personnes qui sont porte bleue, et là je tranche. J'y réussis grâce à ceux qui manifestent la porte bleue autour de moi et qui, dans des situations similaires, n'hésitent pas. Et ça marche ! Pourtant, quand on est jaune, dire non est trop dur, presque inhumain, on a le sentiment de manquer de cœur. Le bleu m'aide à comprendre que c'est un aveuglement de ma porte, à voir que certains non sont salvateurs. »

MATHIEU, ÉDUCATEUR SPÉCIALISÉ ET PRÉPARATEUR MENTAL

EXERCICE

« CE N'EST PAS POUR MOI »

Voilà une expression que nous assénons souvent comme une vérité absolue : « Ce n'est pas pour moi. » Cuisiner, réfléchir, organiser, créer, ranger, nettoyer, s'énerver… Et pourquoi ce ne serait pas pour toi ? En réalité, tu as la capacité d'entrer dans n'importe quelle tâche – même si tu ne deviens pas le champion ou la championne de cette catégorie.
Note ci-dessous trois fausses vérités dont tu es convaincu(e) qu'elles ne sont « pas pour toi ».

______________________	______________________
______________________	______________________
______________________	______________________

Note maintenant, en face de chacune d'elles, une situation où tu as manifesté cette aptitude, ne serait-ce que de manière simple. Où tu as fait montre de la compassion de la porte rouge, de la générosité de la porte jaune, de l'intelligence des situations de la porte bleue, de la capacité d'agir de la porte verte, du pouvoir d'écouter sans rien dire de la porte blanche.

Autorise-toi à te souvenir de la joie que tu as ressentie en constatant qu'après tout, tu en étais tout à fait capable.

« À FORCE DE JOUER LE JEU, CES FONCTIONNEMENTS MULTIPLES ME DEVIENNENT NATURELS »

« Je suis porte verte, pris par l'envie d'agir, parfois de manière confuse parce que sans trop d'organisation, sans hiérarchie des tâches, ce qui me frustre. La porte bleue m'aide à voir plus clair. Ne serait-ce qu'au début de ma semaine, pour construire une to-do list alors que mon mode de base me laisserait y aller "pêle-mêle"… et en oubliant des choses importantes. Utiliser les ressources de la porte blanche m'est également naturel pour revenir à un espace où je me fous la paix, où je suis moins contre moi-même, où j'essaye de retrouver la stabilité d'un sol. La porte rouge, elle, m'aide à aller vers les autres, à m'intéresser à eux, qu'il s'agisse de ma fille ou de mes collègues. À force de jouer le jeu, ces fonctionnements multiples me deviennent naturels… »

MARTIN, RESPONSABLE MARKETING

EXERCICE

UNE JOURNÉE ARC-EN-CIEL

Arrête-toi sur différents moments de la journée qui vient de s'écouler (ou de celle d'hier ou d'avant-hier). Nommes-en cinq moments, par exemple la préparation du petit-déjeuner, la réunion du service, la promenade seul(e) ou avec des proches ou des amis, le coup de fil que tu as passé à ta tante malade, les jeux que tu as partagés avec tes enfants, des neveux, tes nièces...

____

____

____

____

Quelle est la meilleure porte que tu aurais pu manifester pour être au plus juste avec la situation ? Attention, il ne s'agit pas de trouver la porte qui serait, objectivement, la plus en adéquation avec cette situation (aucune ne l'est !). Demande-toi plutôt si, en puisant dans tes propres ressources, tu n'aurais pas dû laisser s'exprimer une porte qui n'est pas dominante chez toi mais qui existe fortement en toi.

Nous avons tous beaucoup plus de choix que nous le pensons. Jouer sur cette gamme, transformer chaque journée en arc-en-ciel de couleurs nous permet d'être plus libres, plus justes et plus pertinents avec les situations.

EXERCICE

TU ES LES 5 PORTES

Il arrive à chacun d'entre-nous d'être sollicité par un ami, un enfant, un collègue qui a besoin de partager un problème, des ennuis, des emmerdes et qui attend de nous une réponse, un conseil, un avis. Et nous avons tous, sans nous en rendre compte, puisé, selon les situations, dans les ressources des 5 portes pour essayer de l'aider ou de le guider.

- Comme la porte rouge, nous avons su créer du lien, être chaleureux, lancer une petite blague pour détendre l'atmosphère.
- Comme la porte bleue, nous avons posé la bonne question, celle qui permet d'aller directement au cœur de l'emmerde pour dissiper la confusion et apporter de la clarté.
- Comme la porte blanche, nous avons su nous taire et écouter pour permettre à l'autre d'exprimer ce qu'il n'aurait pas osé dire autrement.
- Comme la porte jaune, nous avons fait montre de générosité, nous avons donné à l'autre de notre temps, nous lui avons ouvert notre porte.
- Enfin, comme la porte verte, nous avons eu la capacité d'agir en passant un coup de fil, en prenant un rendez-vous pour aider cet autre à sortir de son épais brouillard.

EXERCICE

Tu as certainement plusieurs fois vécu ce type de situations. Complète le tableau ci-dessous en partant de trois d'entre elles.
Colonne 1 : Note la situation (tu n'as pas besoin de la détailler, quelques mots suffisent, sous forme de pense-bête).
Colonne 2 : Face à chaque situation, note la couleur de la porte que tu as manifestée et l'atout que tu as exercé.
Colonne 3 : Définis, toujours pour chacune de ces situations, le sentiment que tu as éprouvé.

Cet exercice te permet de te rendre compte que, contrairement à ce que tu crois, tu es un être protéiforme, capable de manifester des aptitudes et des modes de fonctionnement différents selon les situations, donc de manifester les 5 portes. Une fois que tu as pris conscience de tes capacités, tu peux ensuite mieux les cultiver.

CONCLUSION

5 QUESTIONS

pour repartir d'un bon pied

1

QUE PUIS-JE FAIRE AUJOURD'HUI POUR OSER MANIFESTER LE GÉNIE DE MA PORTE ?

Il faut du temps pour se libérer de la gêne ou de la culpabilité d'être qui l'on est. Se poser chaque jour cette question permet de retrouver confiance dans nos vraies forces.

2

QUEL EST LE PRINCIPAL GRIEF OU REPROCHE QUE TU T'ADRESSES À TOI-MÊME ?

Repère ce que tu avais jusque-là nommé un défaut et vois en quoi, au contraire, il est un formidable levier pour ta réussite (sur les plans personnel, professionnel, amoureux, amical…)

3

IL OU ELLE T'IRRITE ? MAIS QUELLE EST SA PORTE ?

Ce qui t'irrite, c'est le côté « pile » de la médaille (de la personne à laquelle tu penses). Mais quel est le côté « face » de cette même attitude qui t'agace tant ? Vous continuerez peut-être à vous retrouver en désaccord mais tu peux te libérer de la crispation qui te fait perdre tes moyens face à cette personne.

4

Y A-T-IL UNE SITUATION DANS LAQUELLE TU REGRETTES D'AVOIR AGI DE MANIÈRE MALADROITE, EN OBÉISSANT À DES AUTOMATISMES, ALORS QUE TU AURAIS PU RECOURIR À UNE AUTRE APTITUDE QU'IL Y A EN TOI ?

Entraîne-toi à manifester, en fonction des situations, l'une ou l'autre des 5 portes. Tu y gagneras en souplesse et en efficacité.

5

ES-TU CAPABLE DE RECONNAÎTRE LES PORTES DE TON ENTOURAGE ?

En identifiant les portes respectives des membres de ton entourage familial, amical ou professionel, tu te libères de ta solitude, tu crées des liens plus fort et tu deviens l'authentique manager de ta vie.

Remerciements

En préparant ce livre, mon esprit et mon cœur se tournent
d'abord vers Chögyam Trungpa qui a su transmettre en Occident
ses enseignements avec tant de pertinence et d'éclat,
me permettant de les recevoir, de les vivre et de les transmettre.
Ma gratitude envers lui est sans limite.
Ce livre lui doit l'essentiel.

À Djénane qui accompagne avec tant d'amour mon travail.
Sans elle, ce livre n'existerait pas.

À Clément qui m'aide chaque jour à manifester les 5 portes…

Si vous souhaitez effectuer le test en ligne
et recevoir une réponse personnalisée,
ainsi que des conseils tout au long de l'année,
flashez ce QR code :

Pour toutes les informations sur mes cours en ligne,
mes conférences et mon actualité,
rendez-vous sur mon site :
https://www.fabricemidal.com

Du même auteur

Foutez-vous la paix !, Flammarion|Versilio, 2017.

Sauvez votre peau !, Flammarion|Versilio, 2018.

Traité de morale pour triompher des emmerdes, Flammarion|Versilio, 2019.

Narcisse n'est pas égoïste, Flammarion|Versilio, 2019.

3 minutes de philosophie pour redevenir humain, Flammarion|Versilio, 2020.

Comment rester serein quand tout s'effondre, Flammarion|Versilio, 2020.

Suis-je hypersensible ?, Flammarion|Versilio, 2021.

Suis-je hypersensible ?, Le cahier pratique,
avec Nathalie Latrille, Flammarion|Versilio, 2021.

Les 5 portes, Flammarion|Versilio, 2022.

La Méthode Foutez-vous la paix !, Flammarion|Versilio, 2022.

*Tout ce qui nous empêche d'être heureux…
et ce qu'il faut savoir pour l'être*, Flammarion|Versilio, 2023.

Les Princesses ont toujours raison, Flammarion|Versilio, 2023.

La Théorie du bourgeon, Flammarion|Versilio, 2024.

Philosophie

Comment la philosophie peut nous sauver ?,
Flammarion, 2015 (Pocket, 2016).

La Tendresse du monde, l'Art d'être vulnérable, Flammarion, 2013.

Auschwitz, l'impossible regard, Le Seuil, 2012.

Conférences de Tokyo. Martin Heidegger et la Pensée bouddhique, Cerf, 2012.

L'Amour à découvert, retrouvez une manière authentique d'aimer, Le Livre de poche, 2012 (paru en 2009 sous le titre *Et si de l'amour on ne savait rien*, Albin Michel).

La Voie du chevalier, Payot, 2009.

Risquer la liberté, vivre dans un monde sans repères, Le Seuil, 2009.

Poésie et art

Petite Philosophie des mandalas : méditation sur la beauté du monde, Le Seuil, 2014.

Pourquoi la poésie ? L'Héritage d'Orphée, Pocket, Agora, 2010.

Rainer Maria Rilke, L'Amour inexaucé, Le Seuil, 2009.

Jackson Pollock ou l'Invention de l'Amérique, Éditions du Grand Est, 2008.

Comprendre l'art moderne, Pocket, Agora, 2007.

La Photographie, Éditions du Grand Est, 2007.

Méditation

Méditer, laisser s'épanouir la fleur de la vie, Marabout, 2016.

Dépôt légal : septembre 2024
Achevé d'imprimer en août 2024 par Florjancic, Slovénie.